Rüdiger Maschwitz
Das Herzensgebet

Rüdiger Maschwitz

Das Herzensgebet

Ein Meditationsweg

Mit einem Vorwort von
Franz-Xaver Jans-Scheidegger

Kösel

> Zu diesem Buch ist die CD
> **»Wohlwollen für sich selbst. Neue eutonische Übungen«**
> bei Kösel erschienen.
> Bestell-Nr. 3-466-45779-3

© 2005 by Kösel-Verlag GmbH & Co., München
Printed in Germany. Alle Rechte vorbehalten
Druck und Bindung: Kösel, Krugzell
Umschlag: Elisabeth Petersen, München
Umschlagmotiv: Michael Gantner, Fontenay-sous-Bois/Frankreich
ISBN 3-466-36696-8

Gedruckt auf umweltfreundlich hergestelltem Werkdruckpapier
(säurefrei und chlorfrei gebleicht)

Inhalt

Vorwort zur Neuausgabe
(Franz-Xaver Jans-Scheidegger) — 8

Zum Anfang — 11

Zum Gebrauch und zum Aufbau des Buches — 15

  1. Brief
     Hinführung — 19

  2. Brief
     Das Herzensgebet — 30

  3. Brief
     Über das Sitzen — 38

  4. Brief
     Geschenkte Stille — 49

  5. Brief
     Leibarbeit — 55

  6. Brief
     Den Weg als Ziel entdecken — 64

  7. Brief
     Die Ebenen der Meditation — 73

  8. Brief
     Die Früchte des Herzensgebetes — 79

  9. Brief
     Über die Wahrnehmung — 87

10. Brief
Reinigungs- und Klärungsarbeit — 95

11. Brief
Der Prozess der Versöhnung — 104

12. Brief
Von der Geschichte des Herzensgebetes — 113

13. Brief
Gott begegnen — 123

14. Brief
Ethische Aspekte des Herzensgebetes — 130

15. Brief
Meditation und Alltag — 138

16. Brief
Das Bild hinter dem Bild — 148

17. Brief
Erfahrungen – Phänomene – Geheimnisse — 159

18. Brief
Den Tod leben — 168

19. Brief
Über die Begleitung — 179

20. Brief
Zum Abschluss — 188

Grundgedanken zur Eutonie — 191

Eutonische Übungen — 199

Wenn ich alle Bücher gelesen hätte
und das Wissen des Internets in mir abgespeichert wäre,
ohne Liebe
wäre alles vergebens.

Wenn ich alle therapeutischen Erkenntnisse besäße,
und hätte mein ganzes Leben durchgearbeitet und akzeptiert,
ohne Liebe
wäre alles umsonst.

Wenn ich den tiefsten Glauben hätte,
voller Hingabe und Engagement,
wenn ich allzeit in der Gegenwart Gottes verweilte,
aber ich könnte nicht lieben,
so würde ich vertrocknen
wie ein Baum ohne Wasser.

Als Liebender und Geliebter
kann ich annehmen und vertrauen:
mich, dich und Dich, Gott – Urgrund des Lebens.

In der Liebe erkenne ich mein wirkliches Wesen,
spüre ich mich mit allen Sinnen,
mit Haut und Haaren.

In der Liebe ahne ich um meine Tiefen und Möglichkeiten,
meine Untiefen und Abgründe
und nehme sie an.

In der Liebe kann ich mich hingeben,
über alles Maß
kann ich vertrauen –
ohne jeden Sinn und Zweck.

In der Liebe betrete ich weiten Raum.
Ich bin da.

In der Liebe begegnest Du mir
ohne alle Einschränkungen.

        RÜDIGER MASCHWITZ NACH 1 KORINTHER 13

Vorwort zur Neuausgabe

Als sich die Weisen aus dem Osten auf den Weg machten, um dem Geheimnis Gottes im Westen zu begegnen, waren sie von einer Sehnsucht und Gewissheit getrieben. Gegen alles Ungemach von Menschen und Natur blieben sie auf dem Weg, weil sie eine Berührung in sich spürten, die keine äußeren und inneren Widerstände auslöschen konnte. Eine solche persönliche Sicherheit wächst aus der Kernmitte des Menschen, die wir auch mit »Herz« bezeichnen. Sie geht zu Herzen und wurzelt im Herzen.

Rüdiger Maschwitz will mit der Neuauflage seines Buches »Herzensgebet« von neuem Menschen zu einem Weg einladen, auf dem sie immer tiefer mit dieser Kernmitte menschlicher Grundverfassung in Kontakt kommen. Herzensgebet heißt ja auch: sich einbetten in die Geborgenheit der liebenden Gegenwart des göttlichen Geheimnisses, das in dieser Kernmitte des Menschen erfahrbar wird. In diesem Sinne ist dieser Weg des Herzens sowohl ein Zustand als auch ein Weg. Denn die göttliche Gegenwart hat zu jedem Menschen Ja gesagt, bevor »Mensch« Gott erfahren hat. Andererseits geht es um ein Bewusstwerden im Erleben dieses Ja. Dazu geht der suchende Mensch einen Weg durch alle Höhen und Tiefen, worauf uns die Mystiker aller Zeiten immer wieder aufmerksam machen. Dieses sehnende Suchen verdichtet sich in einem einzigen Wort oder Satz aus der religiösen Tradition, in welchem die ganze Fülle des inneren Berührtseins sichtbar und hörbar werden kann.

Ein Wort nimmt also Wohnung in uns, senkt sich in uns ein. Wir gewöhnen uns an seinen Klang, indem wir es oft leise oder laut wiederholen, gleichsam wiederkäuen.

Was ist das für ein Wort, mit dem wir uns so bewusst vertraut machen wollen, und warum brauchen wir dafür eine auf den ersten Blick so banale und geisttötende Methode? Was ist da in uns so »dumm«, dass es nicht mit intellektueller Einsicht, sondern nur mit sturer Wiederholung zu überzeugen ist? Es ist die Realität des einfältigen Herzens, welche der Verstand nicht fassen kann und gegen die er auch mit tausend Argumenten machtlos ist. »Selig, die im Herzen Reinen, sie werden Gott schauen«, verkündete Jesus in seiner programmatischen Bergpredigt (vgl. Mt 5,7). Das Herz, dieser geheime und kostbarste Raum in unserer Mitte ist das Einzige, was nicht vergänglich ist, was nicht an unsere räumlichen und zeitlichen Fesseln gebunden ist. Es wird wie auch alles Sterbliche an uns vom göttlichen Hauch beatmet, der uns von allen Seiten umgibt und durchdringt.

Was wir wiederkäuen, ist ein Name, eine Qualität, eine Atmosphäre des Göttlichen für dieses Namenlose, das wir uns einverleiben wollen. ES war schon in uns, bevor unser Bewusstsein eine Ahnung davon hatte. Das Wiederholen ist eine Art und Weise, unser unruhiges, zweifelndes Denken zu beruhigen, so wie Kinder eine Geschichte wieder und wieder hören wollen, bis ihnen eine innere Gewissheit gewachsen ist, dass sie dem Geschehen trauen können, und sich alles zum Guten wendet, auch wenn unterwegs schwierige Abenteuer zu bestehen sind.

Dieses »Gute« ist eine aus der Perspektive unserer persönlichen Kurzsichtigkeit nicht schnell und einfach zu findende Lösung. Sie ist meistens nicht so leicht erkennbar für uns. Wir können unseren ganzen Lebensteppich mit seinen komplizierten Mustern nur sehr beschränkt überblicken, während das Weberschiffchen hin- und hergeworfen wird. Wie oft erleben wir uns in diesem Hin- und Hergeworfensein als wehrlose Opfer unseres Schicksals. Das Herzensgebet ist ein Weg, auf dem wir bewusst Ja dazu sagen, dass unser kleines Ich nicht alleine das Schicksal in der Hand hält. Es ist in einen größeren, hintergründigen Zusammenhang eingebettet. In seinen Dienst stellen wir freiwillig unsere Begabungen und haben Anteil am Verweben unseres Lebensfadens in einen größeren Zusammenhang hinein. Das ergibt eine Form der Zusammenarbeit zwischen der höheren Warte der webenden, göttlichen Kraft (Vorsehung) und unserem vergänglichen, äußeren Menschsein: Diese freiwillige und ganz persönliche Antwort auf das Wunder »Menschsein« verbindet uns selbst inner- und außerhalb von uns auf Schritt und Tritt mit der Gegenwart des göttlichen Mysteriums.

Mit diesem inneren Wort, also dem Wort des Herzens, vergegenwärtigen wir uns dieses Wunder. *Es* betont in uns die Erfahrung »Ich bin bejaht, so wie ich bin!« von Augenblick zu Augenblick, bis *Es* in der Atmosphäre des inneren Klanges zur klaren Gewissheit wird. In diesem Zustand fühlen wir uns eingebettet in den bergenden Raum des göttlichen Mysteriums. Der Intellekt hat große Mühe, dieses Geschehen aus seiner Verfasstheit heraus zu verstehen. Wenn ich aber der Übung des Wiederkäuens eines solchen Herzenswortes treu bleibe, wird auch der Intellekt wahrnehmen, dass er in seiner Einsichtskraft befruchtet wird, allerdings nach anderen Gesetzmäßigkeiten als er gewohnt ist.

In der Auseinandersetzung und in der Übungsanleitung zum Herzensgebet bezieht sich Rüdiger Maschwitz auf ein uraltes Wissen, das vor uns schon zahllose Menschen in allen religiösen Traditionen (vgl. mantrische Wege) entdeckt haben. In den christlichen Traditionen begegnet es uns in den so genannten Wiederholungsgebeten (vgl. Stoßgebete, Rosenkranz, Litaneien, Antiphonen usw.). Wer sich mit diesem Übungsweg auseinander setzt und mit seinem persönlichen Leben antwortet, entdeckt in der Krypta oder in der »Höhle« seines Herzens die Spur in die allumfassende Gegenwart des göttlichen Geheimnisses. Der suchende Mensch wird erkennen, dass er/sie nicht auf einem Weg zu Gott, sondern auf einem Weg *mit* Gott schreitet. Damit uns diese Übung gelingen kann, schenkt uns Rüdiger Maschwitz eine Fülle von Impulsen für diesen kontemplativen Weg. Wer seinen Anleitungen folgt, entdeckt einen Leitfaden zum gründlichen Erlernen des Herzensgebetes, den er zuvor mit vielen Menschen erprobt hat. Das Buch ist eine Schatztruhe für alle spirituell suchenden Menschen und besonders für jene, die sich von dem Klang des Herzenswortes erfüllen lassen wollen und dabei erkennen werden: Dieser Weg ist eine Liebesgeschichte mit dem göttlichen Geheimnis auch in Zeiten, die durch Natur- und andere Katastrophen erschüttert werden.

Epiphanie 2005   *Franz-Xaver Jans-Scheidegger*

Zum Anfang

Wer Gott erkennen will, wird auch sich selbst erkennen.
Eins kommt nicht ohne das andere aus.
VATER JOHANNES

Am Anfang meiner Meditationspraxis in den Siebzigerjahren stand die Ahnung, dass das, was ich über Gott *wusste*, nicht alles sein konnte. Mein Theologie- und Pädagogikstudium ließ mich seltsam unbefriedigt und die Liebe zu meiner Partnerin ließ mich erahnen: Hinter unserer menschlichen Liebe gibt es einen Urgrund des Lebens und der Liebe. Ich wollte entdecken, was mich trägt.

Doch ich hatte nicht damit gerechnet, dass ich mich auf ein solches Abenteuer eingelassen hatte. Es wurde eine Entdeckungs- und Findungsreise, die meine ganze Person erfasste und veränderte. So hatte ich es nicht gewollt – dafür waren manche Prozesse zu schmerzhaft.

Aber wenn mich heute jemand fragt, antworte ich: Der Weg war gut und heilsam, und er geht weiter. Eigentlich hat er mit meinem ersten Atemzug begonnen und endet nicht mit meinem letzten Atemzug. Ja, auch die Geburten unserer Kinder – also ihre ersten Atemzüge – waren im tiefsten Sinne Erfahrungen der Spiritualität, Erfahrungen auf der Grenze zwischen Leben und Tod, Angst und Glück, Schmerz und Erfüllung. Spätestens zu diesem Zeitpunkt erlebte ich, dass Spiritualität und Alltag untrennbar zusammengehören.

Und doch braucht Spiritualität ihren eigenen geschützten Raum zur Einübung, zur Klärung, zum Heilwerden. Dieses Buch beschreibt einen solchen spirituellen Raum in der Hoffnung, dass er den Alltag von uns allen fördert.

Zur Entstehung der Briefe

Dieses Buch ist in zehn Jahren gewachsen. Der Anfang ist aus der Gemeindearbeit einer Kirchengemeinde entstanden. Meine Frau Gerda und ich hatten Anfang der Achtzigerjahre einen wöchentlichen Meditationstreff ins Leben gerufen. In den ersten sieben Jahren lag der Schwerpunkt bei meditativen Übungen, verbunden mit Körperarbeit.

Während dieser Zeit wurde für mich klar, dass ich den alten christlichen Meditationsweg des Herzensgebetes üben werde. Wesentlich später habe ich dann das Herzensgebet in die bestehende Meditationsgruppe eingebracht. Die Reaktionen waren zwischen »erstaunt«, »zurückhaltend« und auch »anfragend«. Meine Worte und Erläuterungen dazu empfand ich damals als nicht ausreichend.

So habe ich in der Passionszeit 1989 jede Woche einen Brief zum Herzensgebet geschrieben, und dies war hilfreich. Daraus sind dann die Briefe dieses Buches erwachsen, die letzten 1998. Zu diesen Briefen sind viele Rückmeldungen zu mir gekommen. Sie sind in die Überarbeitungen eingeflossen.

Ebenso habe ich einen großen Respekt vor den alten Schriften und der Praxis der Mütter und Väter dieses Weges gewonnen. Ich verdanke ihnen viel, aber ich erlebe auch, wie schwierig es ist, alte Worte und die dahinter liegenden Erfahrungen in unsere Zeit zu übertragen.

So kann und will ich diesen Weg des »Herzensgebetes« in der heutigen Zeit in aller Einfachheit und Beschränktheit eher mit meinen Worten, aus meinen Erfahrungen und mit meinen Erkenntnissen erläutern und aufschreiben. Vielleicht braucht jede Zeit ihre eigene Sprache.

Die Absicht des Buches

In den Briefen geht es mir um praktische Anweisungen und Hilfen zur Einübung des Herzensgebetes. Mit diesen Ausführungen ist der Wunsch verbunden, dass die Briefe suchenden Menschen helfen, ihren eigenen Weg zu finden – mit der Freiheit, diesen Weg selbst zu gestalten, und mit der Verbindung zu denen, die ihn vorher gegangen sind.

Zur Neuausgabe

Die Neuausgabe hat gegenüber der ersten Auflage von 1999 sowohl Streichungen als auch kleine Erweiterungen erfahren. Die Eutonieübungen habe ich gekürzt. Ab dem vierten Brief sind keine Eutonieübungen mehr im Textverlauf zu finden. Dafür gibt es einen eigenen Übungsteil am Ende des Buches. So sehen Sie zehn Übungen direkt im Vergleich hintereinander. Eutonie ist weiterhin meine Schule der Körperarbeit; dies hat sich in den letzten Jahren sogar vertieft und erweitert. Aber nicht alle wollen als Körper- oder Leibarbeit Eutonie üben, sondern lieber ihre eigenen Wege gehen. Sonst habe ich den Aufbau des Buches beibehalten. Es bestand keine Notwendigkeit das Konzept zu ändern. Den Text habe ich nur dann verändert, wenn es meiner Ansicht nach eine Verbesserung bedeutete bzw. wo dies sachlich nötig war.

Ich bin berührt und dankbar für die erstaunlich vielen Rückmeldungen zu diesem Buch. Allesamt haben sie meine Arbeit und mein Leben gefördert. Des Öfteren habe ich diese Anregungen aufgenommen, manches entsprach mir auch nicht. Ich bin und bleibe in vielen Dingen zwar ein emotionaler, aber doch auch nüchterner Mensch. Über ganz persönliche Dinge meines Glaubens und meiner geistlichen Erfahrungen werde ich, auch auf Wunsch hin, nicht schreiben. Dies wäre auch nicht hilfreich, da jeder Mensch seine eigenen Erfahrungen machen muss. Ich bitte dies zu verstehen und zu akzeptieren.

Mein Dank

Ein solches Buch entsteht nicht aus dem Nichts. Ich danke Franz-Xaver für seine Wegbegleitung, für seine Ermutigung und das Vorwort; den Freunden und Vätern auf dem heiligen Berg Athos für ihre Bereitschaft, sich auf mich einzulassen und mich ernst zu nehmen, und allen Eutonielehrerinnen (ja, es waren nur Frauen) für die Anregungen und die Fortbildungen in Eutonie; meiner Mutter für das Vertrauen zu Gott, das sie vorgelebt hat.

Ebenso danke ich für die Menschen, die nach Langenfeld, später nach Hetzenholz und zu anderen Orten unterwegs waren und sind. Ich danke mit ganzem Herzen Gerda für unsere unterschiedlichen und doch gemeinsamen Wege und unseren erwachsenen Töchtern. Mein Dank gilt all den Menschen, die in den vergangenen Jahren dieses Manuskript gelesen haben und mir

Korrekturen, Anregungen, Hinweise und Unterstützung geschenkt haben, zuallererst Winfried Nonhoff, der das Wachsen dieses Buches über Jahre fördernd begleitete. Für das Durchlesen des Manuskriptes danke ich Gerda und Andrea, für das intensive Durcharbeiten bin ich Klaus Brunhoeber zu besonderem Dank verpflichtet.

Liebe Leserin und lieber Leser,
ich freue mich, wenn dieses Buch Sie anregen, begleiten und zum Weg des Herzensgebetes ermuntern kann.

Rüdiger Maschwitz

Zum Gebrauch und zum Aufbau des Buches

Der Aufbau des Buches orientiert sich an den Briefen, die im Laufe der Zeit entstanden sind. Die Reihenfolge der Briefe im Buch entspricht nicht immer der Reihenfolge ihrer Entstehung. Manchmal ergeben sich dadurch auch kleine Überschneidungen. Dies ist gut so; Wiederholungen fördern den Prozess und die Klarheit. Das Herzensgebet ist selbst eine rhythmische Wiederholung.

Das Grundkonzept der Briefe aber war von Anfang an klar und ist bis heute fast gleich geblieben. Die Briefe gliedern sich in vier Abschnitte:

Thematischer Aspekt
In jedem der Briefe wird ein thematischer Aspekt praktisch entfaltet. Die Themen stehen nicht in einer zwingenden Reihenfolge, aber der Ablauf ist auf die praktische Einübung abgestimmt. Wer will, kann gerne die Abschnitte in eigener Folge lesen.

Chancen und Schwierigkeiten
Die Anregungen zu diesen Briefen ergaben sich aus Seminaren, oft durch konkrete Fragen und aus der Begleitung von Menschen auf ihrem Weg. Anfangs hieß der Abschnitt nur »Von den Schwierigkeiten«. Aber es hat sich gezeigt: Gerade in den Schwierigkeiten liegen die Chancen. Dieses drückt nun bereits die Überschrift aus.

Eutonische Übungen
Mein Körperarbeitsschwerpunkt und -weg ist seit den Siebzigerjahren die Eutonie. Dies ist eine in der Übung einfache und intensive Körperarbeit, die zu einer

wohltuenden eigenen Leibspannung verhilft. Bei aller Liebe zu anderen Formen der Körperarbeit, z.B. zu Tai Chi, haben mich meine körperlichen Handicaps doch immer wieder zur Eutonie geführt. Sie hat meine Gestalt bewahrt, gelöst und gefördert. Ohne Eutonie wäre mir heute vieles nicht mehr möglich. Eutonie ist deshalb die mir vertraute Form der Körperarbeit – manchmal sage ich auch Leibarbeit –, die ich weitergeben kann und will.

Die abgedruckten eutonischen Übungen bauen aufeinander auf, gerade Anfänger sollten die Übungen nicht ohne Not verändern. Allerdings können Sie immer eine Übung auslassen bzw. beenden, wenn sie Ihnen nicht gut tut. Planen Sie anfangs zwanzig Minuten für jede Übung ein. Es kann sein, dass die Übungen mit der Zeit jeweils länger dauern, da Sie die Details intensiver erfassen und sich tiefer einspüren. Hinweise, wie Sie mit diesen Übungen arbeiten und selbst üben können, finden Sie im ersten Brief. Die eutonischen Übungen sind nur in den ersten vier Briefen in den Text integriert. Aus Gründen der Benützerfreundlichkeit sind alle anderen Übungen in einem in sich geschlossenen Übungsteil am Ende des Buches zusammengefasst.

Schöpferische Idee
Die Schöpfung setzt sich – auch in und mit uns – fort, sie ist nie abgeschlossen: Alles Schöpferische bedarf des Ausdruckes und der Gestaltung. Auch und gerade dies ist ein Meditationsweg. Deshalb sind kleine schöpfungsorientierte Anregungen aufgenommen worden. Sie gehören zum Weg. Schenken Sie diesen schöpferischen Ideen dieselbe Aufmerksamkeit wie der Meditation.

Die Bedeutung der vier Schritte in jedem Brief

Ich habe diese Gliederung in vier Schritte für den ersten Brief als hilfreich empfunden und dabei entdeckt, dass geistliches Leben – also unsere eigene Spiritualität – von diesen vier Aspekten lebt.

Der Mensch braucht die *praktische Anleitung*
- für das Schweigen und die Einübung des Wortes,
- für das Verstehen der eigenen Prozesse, für die Erkenntnis, dass es Erfahrungen gibt, die unser Verstehen übersteigen und für ein erneutes Durcharbeiten der Erfahrungen. Dies soll in den Themenblöcken geschehen.

- Der Abschnitt »Chancen und Schwierigkeiten« übernimmt in Ansätzen die Aufgabe der *geistlichen Begleitung*. Zu einem geistlichen Weg gehört – nach einiger Zeit – Begleitung durch einen Menschen, der deutlich weiter gehende Erfahrungen besitzt, als der/die Übende. Gerade in (spirituellen) Krisen ist Begleitung notwendig. Schauen Sie ruhig in diese Abschnitte, wenn Sie Antworten auf eine konkrete Frage suchen. Allerdings ersetzen diese Passagen auf keinen Fall konkrete und langfristige Begleitung.
- *Leibarbeit* gehört zur Spiritualität unabdingbar hinzu. Die biblische Tradition ist keineswegs leibfeindlich. So tanzt David aus Freude und Dankbarkeit (sogar nackt) vor der Bundeslade, so erinnert Paulus an den Leib als den Wohnort des Heiligen Geistes. Leibarbeit ist keine Entspannungstechnik. Vielmehr lädt sie ein, das eigene Haus, den Leib, der Sie sind, zu pflegen und aufzuräumen, damit Sie Ihre eigentliche Leibgestalt zulassen können und sich die jeweils angemessene Spannung einstellt. Dabei kommt uns eine Entdeckung der Eutonie zugute: Wir besitzen ein Körperbewusstsein, ein inneres Körperbild, das unabhängig von allen Handicaps und Schwierigkeiten »heil« in uns da ist.
- Der *schöpferische Aspekt* findet in der spirituellen Tradition seinen Ausdruck oft in der Kunst. Anders gesagt: Spirituelle Erfahrungen drücken sich in der künstlerischen Gestaltung aus. Jeder Mensch sollte für das, was bei ihm Eindruck hinterlässt, Formen des Ausdrucks finden.

So erwächst aus jedem Brief eine Einheit aus Anleitung, Begleitung, Leibarbeit und künstlerischem Ausdruck.

Lieder, Texte, Geschichten, Einzelübungen und Literaturhinweise

In diesem Buch und den Briefen zugeordnet finden Sie Lieder, Texte und Geschichten und auch Einzelübungen.

Die *Lieder* sind eine Vertiefung des Herzensgebetes. In der Wiederholung werden sie zum Herzensgebet, zur Meditation. Wer in Taizé die abendlichen Gesänge miterlebt hat, weiß, was ich meine. Singen Sie diese kurzen Liedrufe für sich oder in der Gruppe und nehmen Sie die Stille auf, die nach einem Liedruf klingt.

Texte und Geschichten wollen Anstöße und Impulse setzen. Bedenken Sie diese nicht logisch. Lassen Sie die Impulse wirken. Sie haben ihren eigenen Pulsschlag und fördern auf ihre Weise das Erkennen des Wesentlichen.

Neben der Grundübung des Herzensgebetes sind nur wenige *Einzelübungen* in diesem Buch enthalten. Sie sind besonders gekennzeichnet. Es gibt noch weitere Übungen, die meiner Ansicht nach aber der Einzelbegleitung vorbehalten sind. Nicht jede Übung ist für jeden und jede gut und sinnvoll.

Nach und in manchen Briefen folgen *Literaturhinweise* zur Vertiefung.

Zum Umgang mit dem Buch

Es hat sich bewährt, die Briefe in einem größeren zeitlichen Abstand zu lesen. So bleibt genug Zeit für den jeweiligen Brief. Wahrscheinlich geht es aber vielen Menschen eher wie mir: Sie möchten das Ganze erst einmal überblicken, darin herumstöbern und auf Entdeckungsreise gehen. Tun Sie das!

Aber wenn Sie sich entscheiden, den Weg zu wagen, dann nehmen Sie das Buch als Kursbuch. Lassen Sie mindestens ein bis zwei oder gar vier Wochen zwischen der Lektüre der einzelnen Briefe vergehen. Lesen Sie die Texte ruhig mehrmals, sie haben unterschiedliche Ebenen. Für die Eutonieübungen ist es hilfreich, eine Übung mehrere Tage und Wochen hintereinander zu wiederholen. Sie sind jedes Mal anders, weil Sie selbst – als Übende – anders gestimmt und gespannt sind. Ich übe oft ein und dieselbe Übung wochenlang – und es verändert sich dadurch viel.

1. Brief

Hinführung

Zur Einstimmung

Bereiten Sie sich auf den nachfolgenden Text vor und lesen Sie ihn in Ruhe. Setzen Sie sich dazu aufrecht und lesen Sie Abschnitt für Abschnitt. Nach jedem Abschnitt oder jedem Satz schließen Sie die Augen und lassen Sie die Worte nachklingen.
Ja, es geht wirklich um das Nach-Klingen, nicht um das Nach-Denken der Worte. Dann fahren Sie fort, Atemzug um Atemzug. Falls Sie etwas stört oder hindert, lassen Sie es aus.

> Die längste Reise ist die Reise nach innen.
> DAG HAMMARSKJÖLD

Ich sitze hier vor dir, Herr, aufrecht und entspannt, mit geradem Rückgrat.
Ich lasse mein Gewicht senkrecht durch meinen Körper hinuntersinken auf den Boden, auf dem ich sitze.
Ich halte meinen Geist fest in meinem Körper.
Ich widerstehe seinem Drang, aus dem Fenster zu entweichen, an einen anderen Ort als an diesen hier, in der Zeit nach vorn und hinten auszuweichen, um der Gegenwart zu entkommen.
Sanft und fest halte ich meinen Geist dort, wo mein Körper ist:
Hier in diesem Raum.

In diesem gegenwärtigen Augenblick lasse ich alle meine Pläne, Sorgen und Ängste los.
Ich lege sie jetzt in deine Hände, Herr.
Ich lockere den Griff, mit dem ich sie halte, und lasse sie dir.
Für den Augenblick überlasse ich sie dir. Ich warte auf dich – erwartungsvoll.
Du kommst auf mich zu, und ich lasse mich von dir tragen.

Ich beginne die Reise nach innen.
Ich reise in mich hinein zum innersten Kern meines Seins, wo du wohnst.
An diesem tiefsten Punkt meines Wesens bist du immer schon vor mir da, schaffst, belebst, stärkst ohne Unterlass meine ganze Person.

Gott, du bist lebendig.
Du bist in mir.
Du bist hier.
Du bist jetzt.
Du bist.

Du bist der Grund meines Seins.
Ich lasse – sein.
Ich sinke und versinke in dir.
Du überflutest mein Wesen.
Du nimmst von mir Besitz.
Ich lasse meinen Atem zu diesem Gebet der Unterwerfung unter dich werden.
Mein Atmen, mein Ein- und Ausatmen, ist Ausdruck meines ganzen Wesens.
Ich tue es für dich – mit dir – in dir.
Wir atmen miteinander.
  (ANONYM)

Wenn Sie möchten, lesen Sie nach einer kleinen Pause in diesem Brief weiter.

Eine erste Einführung

Liebe Leserin und lieber Leser,

Sie haben sich für den Meditationsweg des »Herzensgebetes« interessiert. Der vorangegangene Text sollte Sie einstimmen.

Mit diesen Briefen machen wir uns gemeinsam auf diesen Weg. Sie werden einen geistlichen Weg des Christentums kennen lernen, vertiefen und dann prüfen, ob er Sie anspricht. Sie beginnen einen Weg, dem als innere Haltung das Wohlwollen, das Mitgefühl und das verantwortliche Gestalten der ganzen Lebenswelt am Herzen liegt.

Lassen Sie sich in diesen Briefen von einem spirituellen, geistlichen Weg berühren und Sie werden spüren, dass Sie eingeladen sind, Vertrauen zu wagen. Eigentlich aber noch mehr: Sie sind eingeladen, Vertrauen im wörtlichen Sinne einzuüben: Vertrauen zu sich selbst, zu Gott und zu den Menschen.

Was beinhaltet nun kurz gesagt das Herzensgebet?

Im Herzensgebet sprechen Sie innerlich in langsamer Wiederholung konzentriert und aufmerksam ein und dasselbe Wort oder einen Satz, z. B. »Schalom« oder »du in mir, ich in dir«. Sie verweilen mit Ihrer Wachheit in diesem Wort, bedenken aber dieses Wort nicht. Es wiederholt sich, als ob Sie einen Kanon innerlich immer weiter singen. Die Melodie erfasst Sie und lässt Sie innerlich nicht mehr los. Das Wort wirkt in seiner Wiederholung und Vertiefung; darum wird das »Herzensgebet« auch als mantrischer Meditationsweg bezeichnet.

Sie begegnen mit dem Herzensgebet einem *Meditationsweg*, im Unterschied zu einer meditativen Übung. (In einem späteren Abschnitt dieses Briefes werde ich diesen Unterschied erläutern.) Es gibt verschiedene Möglichkeiten, mit dem Herzensgebet als Übungsweg umzugehen:

Sie können das Herzensgebet anfangs ab und zu sprechen. Vielleicht üben Sie an einem Abend in der Woche mit einer Gruppe. Dies ist sicherlich ein guter Einstieg.

Es will und kann aber mehr sein. Es legt sich mit fortwährender Übung mit den Jahren unter alle Lebensaspekte und füllt sie – einfach indem Sie üben. Dieses Geschehen wird als geistlicher (Lebens-)Weg bezeichnet.

Mit dem Herzensgebet beschreiten Sie einen christlichen spirituellen Weg und finden sich wieder in der Tradition vieler Übender. Bei allen Unterschieden verbindet die Praxis des Herzensgebetes auch übende Menschen in den verschiedenen Religionen. Dies ist wertvoll, da Sie nicht allein für sich etwas Neues wagen und ausprobieren, sondern sich mit anderen nicht gegenstandsbezogenen Meditationstraditionen verbinden. Gleichzeitig begeben Sie sich auf einen eigenen christlichen Weg.

Mit der Verbindung von Herzensgebet und Meditation geschieht auch die Zuwendung zu einer äußeren Form: Sie üben das Herzensgebet im schweigenden, aufrechten Sitzen / Gehen / Stehen. Ihre innere Grundhaltung auf diesem Weg sollte wach, nüchtern und aufmerksam sein.

Durch regelmäßiges Üben verliert jeder Weg seinen Versuchscharakter, er gewinnt an Klarheit und ist bald nicht mehr beliebig auswechselbar, da Körper, Geist, Seele und Sinne ihn in sich aufnehmen und ihn fördern. Dies heißt nun nicht, dass Sie keinen anderen Weg gehen dürfen, wenn es sein soll. Allerdings werden Sie durch die Wegschritte, die Sie gegangen sind, geprägt sein.

Was helfen ein solcher Weg und eine solche innere fortwährende Übung?

Das regelmäßige Üben, die regelmäßige Meditation vertieft das ganze Leben. Der heutige Mensch lebt hauptsächlich aus seiner linken Hirnhälfte. Dieser Teil unseres Gehirnes ermöglicht uns geradliniges, logisches, rationales Denken. Unsere westliche Kultur und Wissenschaft – auch vieles der Theologie und des christlichen Glaubens – ist von dieser Seite her geprägt.

Wir besitzen aber ebenso eine rechte Hirnhälfte. Diese Seite ist zuständig für intuitive, schöpferische und emotionale Aspekte unseres Lebens.

Wir erleben uns erst im ganzen, vollständigen Sinne, wenn wir beiden Seiten in unserem Leben Raum geben. Gerade Vertrauen zu Gott und den Menschen auf die logisch-rationale Seite zu verkürzen, wie es zum Beispiel in manchen theologischen Ausprägungen des Protestantismus geschieht, entzieht dem Leben das Wesentliche und vernachlässigt die schöpferischen Möglichkeiten. Umgekehrt gehört aber auch das Verstehen, Durchdringen, Erkennen und Reflektieren der Erfahrungen zur Meditation. Dies wiederum ist das Geschenk des kritischen Protestantismus an Menschen, die Meditation üben.

Zusammengefasst: Dieser Weg und die fortwährende Übung verhelfen zu einem heileren und elementareren Leben. Ich finde meinen Frieden – die Herzensruhe, die die Voraussetzung allen Friedens ist. Auf diesem Weg entdecken viele Menschen die Chance und die heilende Kraft der Stille, des Schweigens und damit der Meditation.

Nun ist ein geistlicher Weg, der den ganzen Menschen anspricht, ein umfassender Weg: Sie begegnen auf Ihrem Weg, – in Ihrer Übung auch altem und jetzigem Leid, Verspannungen, Schmerz und Trauer. Meditation ist also nicht ein »Wohlfühlweg«, dies wäre ein in die Irre führendes Versprechen. Gerade der Meditationsweg des Herzensgebetes ist ein einfacher und klarer Weg durch Höhen und Tiefen des Lebens zur inneren und äußeren Zufriedenheit, zu gelebter Spiritualität im Alltag und in Begleitung mit Eutonie zu einer persönlich angemessenen Körperspannung und zu schöpferischer Kraft.

Ich möchte Sie darüber informieren und Sie in diesen Weg hineinführen.

Was Sie brauchen:

- Anfangs einen Hocker oder einen Stuhl;
- später ein Meditations-Bänkchen oder ein Meditations-Kissen oder einen Hocker (zu gegebener Zeit erfolgen weitere Hinweise);
- eine möglichst einfarbige Decke (längs zusammengefaltet), auf der Sie ganz liegen können; noch einmal gefaltet ergibt sie eine gute Sitzunterlage;
- Buntstifte, gute Pastellkreiden, Ton für die kreativen Impulse;
- bis zu einer halben Stunde Zeit pro Tag.

Wie viel Zeit Sie sich gönnen, hängt letztlich von Ihnen ab. Sagen Sie nicht, Sie hätten diese Zeit nicht. Wenn Sie möchten, haben Sie die Zeit, die Sie haben wollen. Ich habe die Erfahrung gemacht, dass die Zeit, die ich mir zum Üben nehme, immer ein Gewinn ist, mich entlastet und trägt.

Der Zeitpunkt ist unwichtig; allerdings ist es morgens besonders wohltuend. Bitte vermeiden Sie geistlichen Zeitdruck: Weniger ist mehr! Verpflichten Sie sich innerlich nicht für alle Tage. Beginnen Sie mit ein oder zwei Übungseinheiten pro Woche. Später können Sie sich eine Sitzecke in Ihrem Zuhause gestalten.

Denken Sie an ein Wort von Vater Johannes: »Der Läufer, der den Weg zu schnell angeht, hat nachher keinen Atem mehr.«

Chancen und Schwierigkeiten
Gegenstandsbezogene und gegenstandsfreie Meditation – ein Klärungsversuch

Es ist hilfreich, zwischen zwei Grundhaltungen in der Meditation zu unterscheiden: der gegenstandsbezogenen und der gegenstandsfreien Meditation. Dabei benutze ich das Wort Meditation als das umfassende Wort für Meditations-Übungen und -Wege.

Die *gegenstandsbezogene Meditation* richtet ihre Aufmerksamkeit auf einen Impuls, zum Beispiel ein Bild, eine Blume oder ein Symbol außerhalb des Menschen: Das Bild steht vor mir.
In einer offenen Aufmerksamkeit bleibt der Übende bei diesem Impuls und lässt ihn wirken. Ich könnte sagen: Nicht nur ich schaue das Bild, sondern das Bild schaut mich. Das Bild bewegt mich im Inneren und manchmal wandert es nach innen – wird zur inneren Erfahrung.

Der Weg der Aufmerksamkeit geht also von außen nach innen. In der intensiven Phase dieser Meditation verweilt der / die Übende auch in sich.

Diese Form der Meditation bedarf immer wieder neuer Impulse. Zwar zeigt das Verweilen und die fortwährende Schau, zum Beispiel einer Ikone, die tiefen Möglichkeiten dieser Übungsform, aber in der alltäglichen Praxis richtet sich der / die Meditierende gerade in der Anfangsphase gerne auf etwas Neues aus. Dies schenkt der Aufmerksamkeit ein Ziel.

Für viele Menschen ist die gegenstandsbezogene Übung so ein hilfreicher Einstieg in die Meditation. Theoretisch kann man durch fortwährende Übung diese Übungsform genauso vertiefen wie die gegenstandsfreie Meditation.

Zwischen beiden Grundformen der Meditation gibt es einen fließenden Übergang. Das Beispiel – die Schau einer Ikone – zeigt dies auf. Die Übenden können sich diesem Bild immer wieder aussetzen und es wirken lassen. Es wird die Zeit kommen, da sie das Bild gar nicht mehr brauchen. Das Bild lebt in ihnen und sie leben im Bild. Die Aufmerksamkeit ruht nicht mehr außen, sondern in dem Bild, das in ihnen lebendig geworden ist. So unverständlich es vielleicht erscheint, aus der gegenstandsbezogenen Meditation ist eine *gegenstandsfreie Meditation* geworden. Der äußere Gegenstand des ursprünglichen Bildes ist nun ganz zurückgetreten.

Es wird deutlich: Ich unterscheide gegenstandsfreie und gegenstandsbezogene Meditation allein an der Ausrichtung der Aufmerksamkeit. Verweilt die

Aufmerksamkeit außerhalb, zum Beispiel bei der Kerze, so nenne ich dies gegenstandsbezogen, verweilt sie im Inneren des Menschen, so bezeichne ich dies als gegenstandsfrei.

Die gegenstandsfreie Meditation richtet die Aufmerksamkeit von vornherein nach innen. Diese Meditationsform wird auch Schweigemeditation genannt; alles wird oder soll bei fortwährender Übung ins Schweigen kommen.

Im christlichen Bereich seien dazu zwei Wege genannt, die auch als Kontemplationswege bezeichnet werden: einmal »die Wolke des Nichtwissens«, ein christlich geprägter absoluter Schweigeweg, der dem Zen-Weg, den viele Christen zur Vertiefung ihres Glaubens gehen, im weitesten Sinne verwandt ist, und zum anderen das Herzensgebet.

Wieso aber kann ein Weg, der ein Wort zur Ausrichtung der Aufmerksamkeit immer wieder klingen lässt, gegenstandsfrei sein?

In Kursen pflege ich halb scherzhaft zu sagen, dass das Herzensgebet ein Weg ins Schweigen »mit einem Geländer« ist. Am Wort können Sie sich innerlich ausrichten, aufrichten, orientieren und manchmal wie bei einem Geländer Stütze finden. Mit der Zeit führt das immer währende Wort ganz ins Schweigen hinein. Es taucht zwar aus sich heraus ab und zu wieder auf oder wird bewusst erneuert, um die Sammlung zu erleichtern bzw. wiederherzustellen, aber der Übende begibt sich mit seinem Wort ins absolute Schweigen: Alles in mir schweige.

Aus meinen Ausführungen wird sicherlich auch deutlich: Nicht das Geschriebene oder Gelesene führt zur Meditation, sondern nur die eigene Praxis, und dies heißt, die fortwährende Übung.

Meditation ist also keine Theorie, sondern ein Erfahrungsweg. Wenn Sie den Meditationsweg des Herzensgebetes einüben, werden Sie dabei Ihre Erfahrungen machen – und dabei einfache, schmerzhafte, glückliche und vielleicht auch erschreckende Erkenntnisse haben. Es gibt keinen geistlichen Bereich, der nicht auf eigener und eingeübter Erfahrung gründet. Über den Urgrund des Lebens etwas zu wissen, sich dazu etwas gedacht haben, ist etwas ganz anderes, als den Urgrund des Lebens zu erfahren und zu erkennen, d.h. mit ihm vertraut werden. Jeder und jede kann nur selbst ausprobieren, was trägt und ob es trägt.

Es gibt im Sprachgebrauch auch noch andere Bedeutungen des Wortes Meditation. Nicht erst seit Luther ist das Meditieren eines biblischen Textes im Sinne von Bedenken, Besinnen, Betrachten bekannt. Wenn Sie noch einmal an meine Ausführungen über die Hirnhälften denken, dann bleibt dieses Meditieren meist der linken rationalen Seite überlassen. Meditation, wie ich sie in diesen Briefen meine, integriert diese Ebene des mehr rationalen Betrachtens zu einer umfassenderen Sicht der Meditation. Es geht weniger um das Bedenken eines Textes, sondern darum, dass ich mich der Wirkung eines Textes aussetze – ihn im Herzen bewege. Sie merken, ich zähle diese Art der Besinnung über einen Text nur im weitesten Sinne zur Meditation.

Eutonische Übung
Hinführung

Sie brauchen für die in diesem Buch beschriebenen Übungen zunächst einmal:

- Eine Decke, auf die Sie sich legen können,
- eventuell ein kleines Kissen unter den Kopf,
- vier gebrauchte Tennisbälle (benutzen Sie keine neuen Bälle, sie sind zu hart),
- zwei daumendicke (nehmen Sie Ihren Daumen ruhig als Maß), ca. 75 cm bzw. rumpflange Bambusstäbe; Stäbe aus anderen Holzarten sind viel härter!

ABSICHT:	*erster Kontakt mit Eutonie*
HILFSMITTEL:	*keine*
ZEITDAUER:	*10–15 Minuten*

Zur Übung

Ich möchte Sie einladen, Eutonie praktisch kennen zu lernen, im Materialanhang finden Sie weitere Informationen.

Eine Grundübung der Eutonie widmet sich der Berührung und dem Kontakt. Sie können durch die Übungen den Kontakt zu Ihrem Leib finden bzw. vertiefen. So wie das Baby ohne tiefe Berührung und Kontakt (möglichst Hautkontakt) zu den Eltern sich nicht entwickeln kann, so fördert die Eutonie den

Kontakt zu uns selbst und damit zu anderen. Spüren Sie, wann immer es Ihnen möglich ist, Ihre Haut. Sei es durch die Sonne, die Sie wärmt – sei es durch die Luft, die Sie umhüllt – sei es durch den Wind, der Sie berührt, sei es durch den Boden, auf dem Sie gehen, stehen oder liegen.

Die folgende Übung führt Sie zur Berührung Ihrer Außenseiten mit dem Boden. Sie können die Übung in mehrere Abschnitte aufteilen oder aber die Übungszeit verlängern. Dabei bedeutet Berührung, die unmittelbare und direkte Berührung (z.B. von Boden und Becken).

Eine zweite Wahrnehmung gilt dem Kontakt: Kontakt beschreibt die Wahrnehmung, z.B. von Wirbelsäule und Boden, auch wenn keine Berührung stattfindet, sondern es Abstand zwischen Wirbelsäule und Boden gibt. Berührung will wahrgenommen werden, Kontakt wird erspürt und »hergestellt«.

- Legen Sie sich nun auf den Rücken. Spüren Sie, ob Sie ein kleines Kissen unter dem Kopf brauchen. Dieses Kissen legen Sie bitte nur unter den Kopf und nicht unter den Schultergürtel. Legen Sie sich hin, als ob Sie ihren Körper in weichen, warmen Sand eines Strandes schmiegen. Spüren Sie sich in diese Lage hinein. Richten Sie dazu Ihre Aufmerksamkeit auf Ihren Leib, nehmen Sie wahr, wo Sie gelöster oder gespannter sind. Diese Wahrnehmung reicht für erste Veränderungen voll und ganz aus. »Machen« Sie nichts. Seien Sie, wie Sie sind, und Ihr Leib wird sich den Raum nehmen, der ihm gut tut.
- Drehen Sie sich nun auf eine Seite. Jetzt brauchen Sie das Kissen unter dem Kopf, damit der Kopf nicht abknickt und die Arme frei liegen können. Nehmen Sie in dieser Lage den Bodenkontakt wahr – also sowohl die unmittelbaren Berührungen als auch die Körperpartien, die Abstand vom Boden haben. Versuchen Sie dem Boden entgegenzufühlen. Auch hier kann Ihnen die Vorstellung helfen, wie in Sand zu liegen. Dies erhöht oft die Berührungsflächen.
- Drehen Sie sich noch einmal. Sie liegen nun auf dem Bauch, der Kopf liegt auf der Wange. Hier kann wiederum ein Kissen hilfreich sein. Wie liege ich nun? Nehmen Sie die Vorstellung – ich liege im Sand – zu Hilfe. Nehmen Sie – so gut es jetzt geht, ohne jede Bewertung – den Boden wahr.
- Schließen Sie die zweite Seitenlage an und nehmen Sie diese wahr, wie oben beschrieben.
- Zum Abschluss legen Sie sich noch einmal auf den Rücken. Vergleichen Sie Ihre jetzige Lage mit dem Anfang. Lassen Sie die Übung ausklingen. –

Dies war eine erste Hinführung zur Eutonie. Räkeln Sie sich vor dem Aufstehen gut, aber sanft durch. Ihre Spannung hat sich dem Liegen angepasst. Jetzt brauchen Sie mehr Körperspannung. Stehen Sie immer langsam auf.

Wie können Sie mit diesen Eutonieübungen selbst üben?

Es ist nicht ganz einfach, Eutonie ohne fremde Hilfe zu lernen. Oft stellt sich beim Lesen der Anleitung die Vorstellung von der Übung nur langsam ein. Deshalb wurden vier Übungen mit Anleitungen auf einer CD mit dem Titel »Wohlwollen für sich selbst. Neue eutonische Übungen« (Kösel-Verlag 2005, Bestell-Nr. 3-466-45779-3) aufgenommen. Diese Übungen sind nicht sehr lang und für den Einstieg hilfreich.

Einfacher ist es, Eutonie in einer Gruppe zu beginnen. Dabei stellt sich ein Gefühl für Eutonie ein und die Übung wird in der Praxis gelernt.

Wenn dies nicht möglich ist, wagen Sie es selbst und greifen Sie auf die Anleitungs-CD zurück.

Einige weitere Vorschläge:

- Üben Sie zu zweit: Eine/r liest vor, der/die andere versucht sich auf die Übung einzulassen und probiert sie.
- Üben Sie allein: Lesen Sie den Text durch und legen sich dann, die Anleitung griffbereit, auf den Boden. Schauen Sie immer wieder ins Buch und probieren Sie die Anweisungen aus. (So lerne ich selbst neue »schriftliche« Übungen kennen.) Nach zwei bis drei Durchgängen ist die Übung in etwa verinnerlicht und Sie brauchen nur noch zur Korrektur ins Buch zu schauen.
- Alternative: Sprechen Sie die Übung aus dem Buch mit Pausen auf eine Kassette und üben Sie mit der Kassette.
- Haben Sie Geduld und beginnen Sie mit kleinen und einfachen Übungen; die Reihenfolge der Übungen in diesem Buch hilft Ihnen dabei.

Schöpferische Idee
Ein Tagebuch

Überlegen Sie, wenn Sie sich für diesen Weg entschieden haben, ob Sie ein geistliches Tagebuch schreiben wollen. Notieren Sie dort Ihre Erfahrungen mit der Meditation. Schreiben Sie nach dem Schweigen kurz auf, was Sie an sich wahrgenommen haben und was Sie beschäftigt. Tragen Sie auch Ihre Träume ein. Diese helfen Ihnen zu entdecken, wie Sie geworden sind, wer Sie sind und wohin der Weg Sie führt. Legen Sie sich dazu ein »Buch« bereit, das niemand außer Ihnen einsieht. Sie schöpfen mit einem Tagebuch aus Ihrer Tiefe. Sie können sich festhalten – auf Papier – und müssen Ihre Gedanken und Erlebnisse nicht in Ihrem Geist abspeichern.

Schreiben Sie in dieses Buch nur dann etwas, wenn Sie möchten. Es soll kein Zwang werden. Bitte schreiben Sie aber Träume und innere Bilder, die auftauchen, sofort auf. Sie verschwinden sonst wieder.

Ausgewählte Literatur zu den Meditationswegen und -formen:

Hugo M. Enomiya-Lasalle, Zen-Unterweisung, Kösel-Verlag, München, 5. Aufl. 1987
Willi Massa (Hrsg.), Buch der Kontemplation genannt Die Wolke des Nichtwissens und Brief persönlicher Führung, Verlag Herder, Freiburg, 2. Aufl. 2003
Emmanuel Jungclaussen, Das Jesusgebet, Verlag Friedrich Pustet, Regensburg, 5. Aufl. 1989
Franz Jalics, Kontemplative Exerzitien, Echter-Verlag, Würzburg, 9. Aufl. 2005

Schweige und höre

T: Michael Hermes (nach der Benediktregel) / M: aus England

Schweige und höre, neige deines Herzens Ohr. Suche den Frieden!

2. Brief

Das Herzensgebet

Zur Einstimmung

> Gott ist konkrete Gegenwart.
> MEISTER ECKHART

> Gehe deinen Weg. Wessen Weg sonst. Gehe in deinen Schuhen.
> VATER JOHANNES

Das Herzensgebet
Ein Meditationsweg

Ende der Siebzigerjahre bin ich dem Herzensgebet begegnet, als Emmanuel Jungclaussen, der einige wichtige Schriften zum Herzensgebet veröffentlicht hat, in Leverkusen war. Emmanuel Jungclaussen war mir sympathisch; der Weg des Herzensgebetes aber erschien mir zu »fromm«. Nun, es blieb mehr aus dieser Begegnung haften, als ich selbst wahrnahm. Seitdem begleitete mich dieser Weg – erst unbewusst, später bewusst. In der Zeit nach dieser Begegnung übte ich weiter gegenstandsbezogene Meditation und fand darüber zur gegenstandsfreien kontemplativen Meditation, zunächst in der Übungsform des Zen. In dieser Zeit wurde mir das Herzensgebet immer bewusster und es erfasste mich. Ich blieb im

Stil des Zen sitzen und begab mich auf den Weg des Herzensgebetes. Ich las die Worte der Väter und Mütter des Herzensgebetes mit anderen Augen und erfasste sie nicht mehr nur mit meinem theologisch geprägten Verstand, sondern mit dem Herzen.

Aus dem Buch »Der kleine Prinz« wurde mir das Wort »Du siehst nur mit dem Herzen gut, das Wesentliche ist für die Augen unsichtbar« auch zu einer Deutung des Herzensgebetes. Tiefe Beziehungen – ob zur Schöpfung, zu Mensch, Tier und Pflanze und zu Gott – sind nicht Sache des Verstandes, sondern geschehen auf der Herzensebene. Dabei ist mit dem Herz nicht das körperliche Organ allein gemeint, vielmehr gilt das Herz als Zentrum des Lebens, als Wohnort des Geistes.

Für mich ergänzte sich das Sitzen des Zen mit dem Schwerpunkt im Beckenraum (auch »Hara« genannt), d.h. das Sitzen auf dem Bänkchen im Fersensitz oder das Sitzen im Lotussitz auf dem Kissen, mit der Aufmerksamkeit auf den Energiemittelpunkt kurz unter dem Nabel – mit der Hinwendung zum Herzensraum.

Ich empfand mich zunehmend als ganze Person mit Herz, Kopf, Bauch, Becken, Armen und Füßen. Ich begann mich mehr und mehr zu fühlen:

- Mit den Füßen habe ich Kontakt zum Boden,
- vom Becken fühle ich mich getragen,
- im Herzen ruht und verweilt die Aufmerksamkeit,
- der Kopf findet zur Ruhe,
- die Arme schließen den Kreis.

Für manche werden diese Ausführungen selbstverständlich sein, weil sie das Herzensgebet so üben. Aber es gibt noch ganz andere Möglichkeiten des immer währenden Gebetes: Mein inzwischen pensionierter Arzt übte dieses Gebet jeden Morgen 45 Minuten lang beim Schwimmen. Beim Langlauf (auch und besonders beim Ski-Langlauf) habe ich selbst erfahren, wie intensiv und harmonisch, wie aufmerksam und tief dies möglich ist. Andere begannen beim Bügeln oder der Gartenarbeit. Wieder andere üben das Herzensgebet als Stoßgebet.

Letztlich ist die Art des Weges nicht wesentlich. Wesentlicher ist es, kontinuierlich in der Meditation zu verweilen, bis sie ihren Platz im Alltag gefunden hat. Dazu ist Regelmäßigkeit besonders wichtig, auch wenn es anfangs nur alle zwei Tage oder einmal in der Woche geschieht; ein größerer Abstand ist nicht sinnvoll.

Indem wir unser Wort im Herzen bewegen, nimmt das Wort von uns Besitz. Es erklingt und schwingt, es ertönt und schweigt. Es wird Phasen geben, in denen der Sie aufmerksam und leicht sitzen, an anderen Tagen schießen Ihnen Gedanken und Bilder, Emotionen und Erinnerungen durch den Kopf. Betrachten Sie alle Eindrücke nüchtern und sachlich. Nehmen Sie sie zur Kenntnis und lassen sie wieder los.

Verweilen Sie nicht bei diesen Eindrücken. Kehren Sie ohne innere Verärgerung, ohne Zwanghaftigkeit und irgendwelche Vorsätze in die endlose Wiederholung Ihres Wortes zurück.

Manche Leser und Leserinnen werden nun fragen, welche Worte sie meditieren können.

Wie finde ich zu meinem Wort?

In der ältesten christlichen Tradition des Herzensgebetes – dem Jesusgebet – spricht der oder die Übende den Namen Jesu Christi aus und fügt dem Namen manchmal eine Bitte an: *»Jesus Christus, erbarme dich meiner.«* In einer längeren Fassung: *»Jesus Christus, Sohn Gottes, erbarme dich meiner.«*

Mit diesen Worten hatte ich anfangs meine Schwierigkeiten. Außerdem waren sie mir zu lang. Ich hörte aus diesen Worten erst einmal heraus: Mensch, du bist erbärmlich. Ich erlebte dazu in meiner Arbeit, dass mir Menschen ohne Selbstwertgefühl und mit zerstörenden Selbstzweifeln begegneten und sich als erbärmlich bezeichneten. Auch fühlte ich mich lange Zeit selbst unsicher: Hatte ich es nötig, dass sich Gott meiner erbarmt?

Langsam aber sicher konnte ich mich zu meinem Erstaunen dennoch mit »Jesus Christus, erbarme dich meiner« anfreunden. Ich hörte den Satz nicht mehr moralisch, mit drohendem und erhobenem Zeigefinger, sondern als ein Angebot: So unvollkommen wie ich bin, werde ich geliebt.

Dies hat mir im Laufe der Zeit gut getan und ich habe nicht mehr gegen meine Unvollkommenheit und meine persönlichen Grenzen ankämpfen müssen. Ich konnte meine Schwierigkeiten in mein Leben hineinnehmen und sie haben sich dann oft genug verändert.

Die im Jesusgebet oft verwendete Bitte »Jesus Christus« oder »Jesus Christus, erbarme dich meiner« bedeutet: Jesus, Mensch wie ich, und Christus, du von Gott Gesalbter, schenke mir dein Mitgefühl.

Nun müssen Sie nicht diese Worte auswählen, sondern können ein anderes Wort nehmen und variieren: »Jesus, mein Leben«, »Jesus, du bist gnädig«, »Jesus, rühr mich an mit deiner Liebe« oder eine ähnliche Formulierung.

Auch andere geistliche Worte können gefunden und gewählt werden. Ich unterscheide dabei Einstiegsworte und endgültige Worte. Dies ist keine Bewertung der Worte, sondern lediglich eine Beschreibung, in welchem Sinn die Worte von den Übenden erfahren werden können. Für den einen ist »Schalom« ein Einstieg, für den anderen eine Vertiefung oder gar am Ende gültig (end-gültig).

Nicht alle Worte haben die gleiche Qualität und Intensität. Das Wort sollte Sie, auch wenn es nicht bedacht wird, mit dem Urgrund des Lebens verbinden. Sie selbst sollten das Wort bzw. den Satz mögen und respektieren. Hierzu mache ich einige weitere Vorschläge, die sich besonders als Einstiegsworte eignen:

- Schalom (Friede, besser: Wohlergehen sei mit dir)
- Du, meine Liebe
- Du
- Jeschua
- Du, mein Atem/Odem (Denken Sie an die Geschichte über die Schöpfung – Gott hauchte dem Menschen den Atem ein.)
- Maranatha (Komm, Herr)
- Du, mein Frieden
- Ich in dir und du in mir
- Du in mir und ich in dir
- Gott, mein Vertrauen
- Amen
- Du, ewige Gegenwart

Sie können auch einen Klang mit dem Wort verbinden und innerlich einen Kanon oder den Kehrvers eines Liedes singen, z.B.:

- »Alles in mir schweige« (Zeile aus dem Lied »Gott ist gegenwärtig« von G. Tersteegen);
- »Schweige und höre, neige deines Herzens Ohr, suche den Frieden« (Kanon);
- »O, o, o, adoramus te, o Christe« (Wir beten zu dir, Christus; Lied aus Taizé);
- »Du, mein Licht und mein Heil« (Psalmvers).

Wie entdecke ich mein eigenes Wort?

Beginnen Sie mit einem Einstiegswort zu üben. Noch einmal, das Einstiegswort ist das Wort, mit dem Sie einsteigen! Lassen Sie sich im Laufe der Zeit von Ihrem Wort bzw. von Ihrem Klang finden. Lassen Sie sich Zeit und haben Sie Geduld. Warten Sie – es kommt zu Ihnen. Manche Menschen erkennen ihr Wort sofort, andere entdecken es irgendwann oder träumen es. Bis dahin nehmen Sie ein vorgeschlagenes Wort als Übung und Vertiefung, vielleicht wird es sogar Ihr Wort. Probieren Sie aber nicht dauernd ein neues, es wird dann leicht belanglos.

Ein möglicher Beginn:

- Sprechen Sie das Wort anfangs leise aus – es ist eigentlich nur für Sie hörbar. Gerade diese Form fördert die Aufmerksamkeit und ist auch in einer Gruppe nicht störend. Das Wort bewegt sich so nach innen.
- Sprechen Sie das Wort inwendig – sprechen Sie es dabei lautlos und bewegen doch dabei die Zunge. Zu Beginn ist dies eine hilfreiche Übung. Vom Bewegen der Zunge wandert das Wort selbsttätig in den weiteren Innenraum. Die Konzentration ist bei dieser Übungsform für viele leichter.
- Sprechen Sie das Wort inwendig – in Gedanken, aber denken und bedenken Sie es nicht. Während des Sprechens bleiben Sie mit Ihrer Bewusstheit in Ihrem Wort. Es trägt Sie nicht fort, es entsteht keine Trance oder fromme Schwelgerei und keine Betrachtung des Wortes. Alles in Ihnen schweigt, nur das Wort entfaltet sich.

Die Grundübung des Herzensgebetes

Lassen Sie mich die Grundübung des Herzensgebetes zusammenfassen:

- Sammeln Sie sich im Schweigen (möglichst im Sitzen).
- Sprechen Sie fortwährend Ihr Wort – langsam und aufmerksam, aber bedenken Sie es nicht.
- Die Aufmerksamkeit ruht (mit der Zeit) im Herz-Brustraum. Der Atem wird nicht beeinflusst, er fließt (bis ins Becken).
- Nehmen Sie – immer öfter – das Sprechen des Wortes in den Alltag hinein.

Chancen und Schwierigkeiten
Konzentration und Sammlung

Als ich schon einige Zeit saß und mich ausrichtete auf das Eine und immer wieder abschweifte, tröstete mich der Hinweis eines Lehrers, dass er noch keine Sekunde in der reinen Aufmerksamkeit gesessen habe. Erst hielt ich diesen Hinweis für eine bewusste Motivation. Mit der Zeit wurde mir deutlich, dass wir in dem Spannungsfeld zwischen Aufmerksamkeit und Los-Lassen / Sein-Lassen sitzen und üben. Beides kann übertrieben werden und führt zu entgegengesetzten Polen: Übertriebene Aufmerksamkeit erzeugt Überspannung / Überspanntheit; zu starkes Loslassen erzeugt Schlaffheit. Das richtige Maß zu finden ist die immer neue Übung. Wie kann ich nun zu mehr Konzentration finden?

- Gehen Sie liebevoll und gelassen mit sich um, ohne nachlässig zu sein.
- Ärgern Sie sich nicht über Schwierigkeiten, nehmen Sie diese an und schauen Sie diese an.
- Alle Schwierigkeiten erzählen uns etwas über uns selbst; aber vertiefen Sie sich nicht in sie hinein. Nehmen Sie Schwierigkeiten nur wahr, bewerten Sie sich nicht. Dies ist schwer, aber not-wendend.
- Richten Sie Ihre Aufmerksamkeit vom Kopf (vom Verstand) ins Herz. Verweilen Sie im Herzraum und nicht im Denkraum. Auch der Herzraum hat seine schwierigen Seiten, aber er »denkt« nicht im Sinne des Kopfes. Der Herzraum ist nicht der unmittelbare Ort des physischen Herzens allein, sondern erstreckt sich bis hinüber auf die andere Brustseite. Stellen Sie sich diesen Herzraum nicht vor, sondern schauen Sie, wo das Herzensgebet sich »einnistet«. Und denken Sie daran, dass ein »Nestbau« Zeit braucht und nur allmählich geschieht.
- Folgen Sie Ihrem Wort und richten Sie sich immer wieder neu – ohne Anstrengung, aber mit Aufmerksamkeit – auf Ihr Wort aus. Dies ist die größte Hilfe bei der Konzentration.

Eutonische Übung
Eine kleine Übung für jeden Tag

ABSICHT: *Diese Übung vertieft die ersten Eutonieerfahrungen.*
HILFSMITTEL: *keine*
ZEITDAUER: *Die Übung hat zwei kleine Teile, 10–15 Minuten.*

Zur Übung

- Sich einspüren auf dem Boden: Legen Sie sich mit dem Rücken auf den Boden und nehmen Sie den Boden, auf dem Sie liegen, wahr. Stellen Sie sich wieder vor: Sie liegen auf angenehmem Sand und spüren Ihren Körperabdruck. Beginnen Sie mit dem rechten Bein und spüren die Ferse, die Wade, das Knie und den Oberschenkel. Nehmen Sie genauso Kontakt zum linken Bein auf. Nachdem Sie die Bodenberührungen beider Beine wahrgenommen haben, spüren Sie, wie Ihr Becken aufliegt, und nehmen den Rücken wahr. Gehen Sie die Wirbelfortsätze entlang und spüren, welche Wirbel Sie wahrnehmen. Danach folgen Schulter und Nacken und, ähnlich wie bei den Beinen, erst der rechte und dann der linke Arm. Zu guter Letzt wenden Sie sich dem Kopf zu. Wie liegt der Kopf auf dem Boden? Wie empfinde ich den Kopf? Was wird Ihnen von Ihrem Kopf bewusst?
- Nehmen Sie sich zum Abschluss in Ihrer ganzen Gestalt wahr, so wie sie Ihnen jetzt bewusst ist.
- An diese ersten Wahrnehmungsübungen schließt sich eine Gesichtsmassage an. Sie nehmen zwei Finger jeder Hand (Zeige- und Mittelfinger) und beginnen mit einer sanften kreisenden langsamen Massage an der Stirn. Spüren Sie die Berührungen der Haut durch Ihre Fingerkuppen. Legen Sie den Schwerpunkt der Wahrnehmung auf die Berührung. Gehen Sie zum Haaransatz, zur Nasenwurzel, zu den Augen, den Wangen, der Nase, den Ohren, zum Nacken und zum Mundraum. Massieren Sie sehr behutsam mit je einem Finger den Lippenraum, dann folgen Kinn und Halspartie. Spüren Sie nach

und massieren Sie anschließend mit der Zunge den inneren Mundraum. Lassen Sie dabei alle Gähnimpulse zu. Wenn Sie nicht gähnen müssen, lassen Sie die Zunge in den Rachenraum fallen. Wahrscheinlich werden Sie jetzt gähnen.
- Lassen Sie sich noch Zeit und spüren Sie den Berührungen nach.
- Danach regen Sie durch behutsames Strecken und Räkeln den Kreislauf an und erheben sich.

Schöpferische Idee
Ein Bild gestalten

Nehmen Sie sich in diesen Tagen Zeit ein Bild zu gestalten. Beginnen Sie von dem Mittelpunkt des Bildes aus und lassen Sie das Bild sich mit der Zeit entfalten. Die Farbwahl ergibt sich. Exakt malen können Sie mit Aquarell- oder Buntstiften; Pastellkreiden wirken farbintensiver, sind zwar etwas grober, verwischen aber auch leichter. Dies ergibt schöne Schattierungen.

3. Brief

Über das Sitzen

Zur Einstimmung

> Vater Johannes wurde gefragt: »Wie oft soll ich meditieren?«, und er antwortete: »Nimm dir täglich Zeit, aber ein Tag ist ohne Mühe und Anstrengung, es ist der Sabbat. Wenn du so lebst, wirst du mit der Zeit allezeit meditieren – genauso wie du, ohne es zu beachten, atmest. Zwingst du dich zu sehr, zieht der Überdruss ein und du wirst hart und ungerecht zu dir selbst.«

Über das Sitzen
Die eigene Haltung finden

Meditation muss nicht im Sitzen geschehen und doch ist das Sitzen in der Meditation eine große Hilfe und schenkt einen wesentlichen Ruhepunkt. Probieren Sie die Grundhaltung des Sitzens in einer einfachen Form einmal aus, wenn Sie das meditative Sitzen nicht kennen.

Zur Grundhaltung

Nehmen Sie sich einen Stuhl und setzen Sie sich auf seine vordere Kante. Legen Sie sich eine zusammengefaltete Decke unter das Gesäß, wenn Ihre Knie nicht deutlich tiefer als Ihre Leiste sind. Die Füße stehen dabei ganz auf dem Boden. Die Wirbelsäule richtet sich vom Becken her auf und trägt den Kopf. Der Kopf ist ganz leicht nach vorn geneigt und die Augen schauen auf eine kleine Fläche ca. ein bis eineinhalb Meter vor dem Sitz. Die Augen sind fast geschlossen und verweilen auf diesem Bereich, sie schauen. Schauen ist ein Zustand des Gewahrseins, der ganz offen ist. Schauen fixiert nicht, ist vorurteilsfrei und ohne Wertung. Schauen ist reine Wahrnehmung.

So bleiben Sie sitzen und kommen zur Ruhe oder besser gesagt, Sie üben, die Ruhe zuzulassen. »Warum so ein Umstand?«, werden Sie vielleicht fragen. »Kann ich nicht auf meinem Sessel meditieren oder in meinem Bett, auf der Wiese liegend oder auf dem Sofa?« Meditation – so höre ich es oft – soll doch entspannen. Man will sich beim Meditieren doch wohlfühlen. Nun ist wirkliche Meditation kein Entspannungsprogramm. In der Meditation brauchen Sie eine Grundhaltung, die Spannung hat, die aber nicht überspannt ist.

> Vater Johannes erklärt die Grundhaltung so:
> Sitze wie ein gespannter Bogen. So wie die Sehne des Bogens in die Spannung kommt, verweile. Sitze nicht wie ein ungespannter Bogen, du bist nur schlaff und unaufmerksam. Sitze nicht so wie ein Bogen, dessen Sehne mit einem Pfeil gespannt ist. Du bist überspannt und angespannt, du bist dann mit zu viel Erwartung angefüllt. Sitze wie ein gespannter Bogen, in den noch kein Pfeil eingelegt ist.

Diese Worte beschreiben, dass in der Meditation eine wache und lebendige Körperhaltung sehr hilfreich ist. So schön viele Menschen es auch finden: Träumen und Dösen ist nicht Meditieren.

Natürlich »muss« das Herzensgebet nicht im Meditationssitz praktiziert werden, aber das Sitzen hilft dem Übenden, in die Meditation des Herzensgebetes zu finden:

- Sitzen hilft Ihnen da zu sein, wo Sie sind;
- Sitzen lässt Sie innerlich zur Ruhe kommen, Sie verweilen bei sich;
- Sitzen ist die Haltung, in der Menschen nichts tun müssen – sie können sich wahrnehmen;
- Sitzen sammelt den Menschen, die Gedanken können langsam zur Ruhe kommen;
- Geübtes Sitzen ist die Haltung, in der Sie längere Zeit bewegungslos verharren können.

Sitzen ist aber nicht Selbstzweck in der Meditation, sondern eine Hilfe, die die Aufmerksamkeit und die Übung fördert und unterstützt. Letztlich geht es bei der Einübung der Sitzhaltung nicht um ein äußeres Geschehen, sondern um die innere menschliche Grundhaltung in der Meditation. Sie üben Ihre Haltung ein, besser gesagt: Sie finden Ihre Haltung – auch für Ihren Alltag.

Wenn Sie so sitzen, können Sie vielleicht nach einer Zeit der Übung sagen: »Ich komme zur Ruhe und bin nur hier. Meine Gedanken sammeln sich. Ich bin gesammelt, bin aufrecht und ganz anwesend. Ich bin.«

Es gibt aber keine Sitzhaltung, die in der Meditation vorgeschrieben ist. Die Haltung hängt von den gesundheitlichen Möglichkeiten des Einzelnen ab. Jede und jeder muss ihre/seine eigene Sitzhaltung finden. Für alle Sitzformen gilt die Grundhaltung, die ich für das Sitzen auf dem Stuhl beschrieben habe:

- guter Bodenkontakt, die Knie sind tiefer als die Leiste, sonst behindern sie die Durchblutung;
- der Beckenbereich hat einen guten, festen, stabilen »Sitzflächenkontakt«;
- der Rücken-/Schulterbereich lehnt sich nicht an, sondern ist durch die Wirbelsäule aufgerichtet und getragen. Die Schultern sind nicht hochgezogen, sie sind herabgelassen;
- der Kopf sitzt auf der Wirbelsäule, ganz leicht nach vorn geneigt;
- die Augen sind ein wenig offen und auf den Boden vor dem Sitz gerichtet. Sie können die Augen zwar auch schließen, doch die meisten Menschen träumen dann aber eher. Manche Menschen sitzen allerdings mit geschlossenen Augen wach und intensiver.

Im Folgenden beschreibe ich drei mögliche Sitzhaltungen, die durch Bilder verdeutlicht werden:

Das Sitzen auf dem Meditationskissen

Ein Meditationskissen ist ein fest gefülltes, meist rundes Kissen, das in seiner Höhe zwischen 5 und fast 20 cm schwanken kann. Dieses Kissen gibt es in vielen Meditationszentren zu kaufen. Es ist meist mit einer Naturfaser (Kapok) oder Dinkel bzw. Hirsespreu gefüllt. Ein normales weiches Kissen ist für den Sitz nicht geeignet, es gibt zu sehr nach und ist instabil.

Diese Sitzform ist vielen Menschen von Kindheit an vertraut. Kinder sitzen mit dem Gesäß auf dem Boden und können sich aus dieser Haltung heraus sehr flexibel bewegen.

Setzen Sie sich also auf den Boden und ziehen Sie ein Bein vor das andere Bein. Die Beine müssen nicht ineinander liegen. Nehmen Sie nun das Meditationskissen zur Hand. Kippen Sie sich so weit nach vorn, dass die Knie den Boden berühren, und schieben Sie sich das Kissen unter das Gesäß. Lassen Sie sich nun auf dem Kissen nieder, Sie richten sich dabei aus sich selbst heraus auf. Zumeist verlieren die Knie nun wieder etwas Bodenkontakt, zumindest am Anfang. Wenn die Knie keinen Bodenkontakt haben, unterstützen Sie die Knie durch ein normales kleines Kissen oder durch ein zusammengelegtes Tuch. Die Knie sollen nicht frei schweben; dies erzeugt Spannungen in der Leiste und in der Muskulatur. Sie müssen dann nämlich das Bein mit Muskelkraft halten.

Das Bild veranschaulicht die Sitzhaltung; die Beinhaltung kann sehr unterschiedlich sein.

Das Sitzen auf dem Meditationsbänkchen

Eine weit verbreitete Form ist das Sitzen auf einem Meditationsbänkchen. Es gibt die Bänkchen in unterschiedlicher Höhe und Breite. Die Höhe des Bänkchens steht in einem Verhältnis zur Körpergröße: Wer groß ist, braucht eher ein größeres Bänkchen. Aber dies allein ist nicht bestimmend für die Höhe. Höhere

Bänkchen erhöhen beim Sitzen die Belastung auf die Knie, tiefere Bänkchen drücken mehr auf den Restbeinbereich und die Fußspanne. Rollen Sie darum ein Handtuch und legen es gerollt unter beide Fußspannen gleichzeitig.

Falten Sie eine Decke auf ein Viertel oder ein Achtel. Knien Sie sich nun auf die Decke. (Sie können auf eine Handtuchrolle verzichten, wenn Sie unter den Füßen die Decke einmal einschlagen und die Füße über das Ende der Decke herunterhängen lassen.)

Stellen Sie das Bänkchen über beide Beine (siehe Bild) auf die Decke und lassen Sie sich auf dem Bänkchen nieder. Nehmen Sie nun die Grundhaltung ein.

Maße für den Bau eines Bänkchens finden Sie im letzten Teil dieses Briefes.

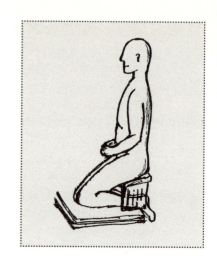

Das Sitzen auf dem Hocker / Stuhl

Die Grundhaltung auf einem Stuhl habe ich am Anfang dieses Briefes ausführlich beschrieben. Geeigneter als ein Stuhl ist allerdings ein gerader Holzhocker, wie er in vielen Möbelhäusern preiswert zu bekommen ist. Eine zusammengefaltete Decke oder auch ein flacher Sitzkeil bringt den Hocker auf die für Sie angemessene Höhe. Bitte achten Sie darauf, dass Ihre Füße fest und ganz auf dem Boden stehen. Die Zeichnung verdeutlicht noch einmal den Sitz.

Andere Sitzhaltungen, zum Beispiel auf einem Balance-Stuhl, halte ich für eher ungeeignet. Im Einzelfall müssen mit einem erfahrenen Begleiter bzw. einer Begleiterin Sitzmöglichkeiten individuell gesucht werden.

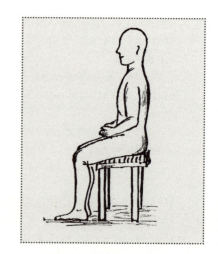

Und die Hände?

Es gibt mehrere Handhaltungen in der Meditation. Am Anfang halte ich eine gesammelte und trotzdem gelöste Haltung für wichtig.

Ein Vorschlag:

Legen Sie die rechte offene Hand in den Schoß und die linke Hand in gleicher Haltung in die rechte Hand. Die Hände ruhen ineinander und die Daumen berühren sich leicht (siehe Zeichnung). Sie können auch die Hände offen auf den jeweiligen Oberschenkel legen. Die Daumen- und die Zeigefingerkuppe berühren sich bei dieser Haltung und bilden einen kleinen Kreis. Für Anfänger erscheint mir diese Haltung allerdings zu offen und ungeschützt. Die erste beschriebene Haltung fördert das Ankommen bei sich selbst.

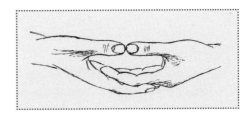

Chancen und Schwierigkeiten
Die Zeit – die Dauer – die Regelmäßigkeit

Wenn Sie sich entschlossen haben, den Meditationsweg des Herzensgebetes zu üben, dann tun Sie dies mit Geduld, Liebe und überfordern Sie sich nicht. Oft ist der Geist willig, aber der Antrieb schwach. Anders ausgedrückt: Die Motivation ist da, nur die Umsetzung scheitert oft. Die folgenden Schritte können hilfreich sein:

1. Alles will klein beginnen

Nehmen Sie sich nicht vor, ab sofort jeden Tag eine halbe Stunde zu sitzen. Sitzen Sie anfangs zehn Minuten. Stellen Sie sich zum Beispiel einen Küchenwecker und legen ihn etwas entfernt unter ein Kissen. So stört das Ticken nicht und Sie hören das Klingeln trotzdem. Sie können sich später ein besseres Hilfsmittel suchen. Nach einiger Übung kennt man später ohne Uhr die Zeitdauer. Beginnen Sie, wenn Sie möchten, mit einer Verbeugung und lassen Sie sich ganz nieder. Sprechen Sie Ihr Wort und bewegen Sie dabei die Lippen. Beim »Klingeln« beenden Sie die Meditation, wenn Sie möchten, mit einer Verbeugung.

Anschließend können Sie einen kleinen Text lesen, das Vaterunser beten bzw. ein Lied singen.

2. Üben Sie mäßig, aber regelmäßig

Wenn Sie möchten, können Sie täglich meditieren. Suchen Sie sich eine Tageszeit aus, bei der Sie nicht oder nur wenig gestört werden. Wenn Sie gestört werden, ärgern Sie sich nicht. Nehmen Sie die Störung wahr und stören Sie sich nicht an der Störung. Kehren Sie zurück zu Ihrer Übung. Es bildet sich so ein Rhythmus heraus, der Ihnen zur Gewohnheit wird, so ähnlich wie beim Zähneputzen.

Die Eutonie können Sie anschließen oder sich für besondere Gelegenheiten aufheben. Wenn Sie zum Beispiel täglich morgens meditieren, wollen Sie vielleicht zwei- bis dreimal in der Woche Eutonie üben.

Ich habe die Erfahrung gemacht, dass Partner oder Partnerinnen, die kein Interesse an Meditation haben, gerne Eutonie mitüben. Benutzen Sie die Eutonie aber nicht, um jemand für die Meditation zu »gewinnen«!

Noch eines ist mir wichtig: Manchmal üben wir zwanghaft. Das bedeutet, dass wir nicht mehr in der Lage sind, uns frei zu geben. Erinnern Sie sich an das Wort von Vater Johannes, das am Anfang zur Einstimmung in diesem Brief steht: Ein Tag in der Woche ist mindestens frei.

Sie müssen aber nicht täglich üben, Sie können sich auch einen Abend in der Woche wählen. Alles hat seinen Wert, solange es regelmäßig geschieht und sich dadurch im Alltag auswirkt.

Eine paradoxe Grundregel für die *innere* Haltung lautet: Üben Sie in einer inneren Haltung so, dass Sie alles erwarten. – Üben Sie so, dass Sie nichts erwarten.

3. Finden Sie in einen Rhythmus

Die Meditation des Herzensgebetes braucht ihren Rhythmus, und genau dies ist für viele Anfängerinnen und Anfänger, aber auch für Geübte schwer. Sie wissen, was ihnen gut tut, aber die alltägliche Übung braucht Kraft und Zeit.
Drei kleine Regeln helfen:
- Suchen Sie sich einen festen Zeitpunkt aus, zum Beispiel morgens oder abends – und halten Sie diesen ein. Mit der Zeit entsteht eine Gewohnheit – ein Ritual, ein eigener Rhythmus.
- Behalten Sie den Ablauf bei und beginnen Sie mit einer kurzen Dauer, etwa mit fünf Minuten.
- Geben Sie sich einmal pro Woche frei – üben Sie regelmäßig, aber nicht zwanghaft.

Wie kann der Ablauf aussehen?

1. Vorschlag: Zeitdauer 7–30 Minuten
- An einem guten Platz mit einer Kerze sitzen und in die Übung der Stille gehen.
- Einen kurzen Text lesen – es gibt viele unterschiedliche Jahresbücher mit Textimpulsen (mehr literarisch oder mehr geistlich orientiert); oder Bibellektüre, zum Beispiel mit den Briefen aus Taizé (erscheinen zweimonatlich, einfach und gelungen, werden preiswert zugeschickt oder können aus dem Internet – www.taize.fr – heruntergeladen werden).
- Mit einer Verbeugung schließen.

2. Vorschlag: Zeitdauer 25–45 Minuten
- Kleine eutonische Übung.
- An einem guten Platz mit einer Kerze im Schweigen sitzen.
- Einen kurzen Text lesen.
- Mit einer Verbeugung schließen.

3. Vorschlag: Zeitdauer 30–50 Minuten
- Kleine eutonische Übung.
- An einem guten Platz mit einer Kerze im Schweigen sitzen.

- Einen kurzen Text lesen.
- Ein Lied, vielleicht aus Taizé, singen.
- Ein Gebet oder das Vaterunser sprechen, anschließend Segen.
- Mit einer Verbeugung schließen.

Wählen Sie eine Form, die Sie fördert, und verändern Sie diese für Ihre Bedürfnisse und Möglichkeiten. Es ist wichtig, dass Sie Ihre Form finden und damit wachsen.

Schwierigkeiten gibt es immer dann, wenn die äußere Form der inneren nicht entspricht und aufgestülpt ist oder wenn Sie mit zu hohen Ansprüchen an Zeit und Intensität beginnen.

Eutonische Übung
Der Aufbau des Sitzens

ABSICHT: *Diese Übung verbindet Meditation und Eutonie. Sie hilft Ihnen, für Ihren Meditationssitz die rechte Haltung zu finden und zeigt Ihnen gleichzeitig, wie förderlich die Leibarbeit ist.*
HILFSMITTEL: *Bänkchen, Hocker, Sitzkissen*
ZEITDAUER: *10–30 Minuten*

Zur Übung

Setzen Sie sich in die Haltung, die Ihnen heute in der Meditation am meisten entspricht.

Die Anleitung ist so gehalten, dass sie auf alle Arten des Sitzens bezogen werden kann.

Nehmen Sie sich während der Übung nur wahr, Veränderungen ergeben sich aus meinen Hinweisen. Lassen Sie Veränderungen zu.

- Spüren Sie zu Ihren Füßen. Wo haben Sie Kontakt zum Boden? Liegen / stehen die Füße gut?
- Gehen Sie die Auflage der Beine am Boden entlang und folgen Sie den Beinen auch da, wo Sie keinen Bodenkontakt mehr haben. Auf dem Hocker achten Sie darauf, dass von den Füßen bis zum Becken die Beine ansteigen. Die Leiste ist frei und die Beine gehen von der Leiste – in jedem Sitz – leicht nach unten, sonst wird die Leiste eingeklemmt.
- Spüren Sie Ihre Sitzfläche, also Ihre Auflage.
- Setzen Sie sich aufrecht und versuchen Sie die Sitzhöcker zu spüren. (Sehen Sie sich dazu die Zeichnung an.) Sind die Sitzhöcker zu sehr spürbar, schmerzen sie. Haben Sie das Gefühl, nur auf den Sitzhöckern zu sitzen, dann kippen Sie Ihr Becken ein wenig nach vorn.
- Vergegenwärtigen Sie sich nun Ihre Wirbelsäule. (Schauen Sie sich auf der Zeichnung das Becken mit den Sitzhöckern und dem Kreuzbein an. Vom Kreuzbein aus geht nur noch das kleine Steißbein nach unten. Die Wirbelsäule baut sich vom Kreuzbein nach oben auf.) Nehmen Sie das Kreuzbein wahr und gehen Sie Ihre Wirbelsäule, so gut es geht, entlang.
- So baut sich Wirbel auf Wirbel auf und führt Sie zum Kopf. Der Kopf ruht auf der Wirbelsäule und ist aufgerichtet. Und trotzdem gehen der Blick und der Kopf ganz leicht nach unten. Der Kopf ruht wirklich auf der Wirbelsäule; suchen Sie eine Haltung, die den Kopf ruhen lässt.
- Die Schultern sind gelöst; andernfalls lockern Sie sie. Sie hängen, aber sie sind nicht kraftlos. Folgen Sie Ihren Armen und Händen, erst dem einen Arm, dann dem andern. Die Hände liegen ruhig und die Arme werden nicht gehalten. Ja, Hände und Arme ruhen ineinander bzw. nebeneinander.
- Nehmen Sie noch einmal Ihre ganze Gestalt wahr und bleiben Sie in der umfassenden Wahrnehmung Ihrer Gestalt noch eine Weile sitzen.
- Beenden Sie die Übung mit einer leichten Verbeugung. Für viele ist es hilfreich, immer wieder diese Übung zu Beginn des Sitzens (in Kurzfassung) durchzugehen.

Schöpferische Idee
Ein eigenes Bänkchen bauen

Es liegt nahe, sich ein eigenes Meditationsbänkchen zu bauen. Dies ist außerdem preiswert. Die Tabelle unten gibt verschiedene Höhenmaße und das Grundschema an. Am sichersten ist es, das Bänkchen zu dübeln (Holzdübel) oder zu schrauben. Wenn Sie Holzdübel verwenden, dann setzen Sie diese zuerst von unten in die Sitzfläche. Geben Sie dann einen kleinen Tropfen Holzleim oben auf die Dübel. Nun stellen Sie die beiden Seitenfüße exakt im Abstand auf eine gerade Fläche. Das Holzbrett mit den versenkten Holzdübeln wird nun genau auf die Seitenfüße gelegt und dabei natürlich festgehalten. Dann heben Sie das Brett wieder hoch und der Holzleim hat markiert, wo Sie bohren müssen. Zur Sicherheit können Sie innen zwischen Seitenfuß und Sitzfläche noch eine kleine Leiste verkleben oder anschrauben. Dies erhöht die Stabilität. Da das Bänkchen nicht groß ist, können Sie als Material auch ungeleimtes Holz verwenden. Pressspanplatten (auch beschichtete) sind nicht geeignet, sie brechen zu leicht aus.

Die Maßübersicht:

Breite immer 16 cm, Länge immer 50 cm, innere Länge zwischen den Seitenfüßen 40 cm.

Niedrige Höhe:	vorn 14 cm	hinten 16 cm
Mittlere Höhe:	vorn 16 cm	hinten 18 cm
Hohe Höhe:	vorn 18 cm	hinten 20,5 cm

4. Brief

Geschenkte Stille

Zur Einstimmung

Umgeben vom Lärm in die Stille gehen, die Stille hören und fühlen, ich schmecke die Angst, ich sehe die alten Bilder und lasse sie vorbeiziehen in aller Stille.

Sie kommen wieder, ich schaue sie an, durchkaue sie, erkenne ihren Geschmack, verdaue das Vergangene und scheide es aus. Ich bleibe in der Stille, in deiner Stille, aufmerksam.

Geschenkte Stille

Wir suchen sie. Wir erleben sie und erschrecken in ihr. Wir spüren ihre Kraft und ihre heilsame Seite. Und entdecken: Stille ist nicht gleich Stille. Stille ist paradox.

Im Herzensgebet gehen wir in diese Stille. Wir begeben uns dabei bewusst von der äußeren Stille in die innere Stille. Für die innere Stille ist die äußere Stille nicht nur hilfreich, sondern notwendig. Äußere Stille erleichtert und vertieft den inneren Weg. Gerade deshalb sind längere Übungszeiten an einem Ort der Stille tragend und wesentlich. Solche Stille ist nicht dasselbe wie Still-Sein. Im Still-Sein schwingt etwas Gewolltes, ein Müssen mit. Wie oft mussten wir als Kind still sein und wären so gerne in der Bewegung und in Worten lebendig gewesen. Diese Art des von außen geforderten Still-Seins tötet das Lebendige.

Stille hat eine andere Qualität – sie ist da und wird nicht gemacht. Und doch ist Still-Werden bei jedem Sitzen ein erster Schritt: Körper, Seele und Geist werden still und wir üben im positiven Sinne nichts anderes als Dasein und Sitzen in der Stille. Dieses Still-Werden ist die fortdauernde Übung. Sie beginnt immer neu und führt uns geduldig zur Stille.

Nun erleben wir diese Einübung in die Stille nicht immer gleich. Die Stille ist oft ganz unterschiedlich. Wir entdecken

- beängstigende Stille,
- nicht auszuhaltende Stille,
- bedrohliche Stille,
- aufdeckende und klärende Stille,
- tote Stille,
- zudeckende Stille,
- heilende und tröstende Stille,
- Stille, in der wir uns erkennen,
- Stille, die uns hinführt zum umfassenden Schweigen,
- Stille, die über die Stille hinausführt.

Für eine gewisse Zeit trägt die innere Stille zwar an jedem Ort, aber es gibt auch Orte, die die Stille fördern. Unsere Stadt – unser Lebensraum – fordert uns heraus, Orte der Stille, Orte des Ablegens der angehäuften Lasten und des Heilwerdens zu finden.

Manchmal bietet sich dazu eine Kirche an: Mit dem Schließen der Tür ist – bei allen Geräuschen – die Stille da; für einen Moment – für den Augenblick, den meine Aufmerksamkeit anhält.

Manchmal trete ich aus dem Haus, egal ob in der Stadt oder im Dorf, egal, ob Lärm mich umgibt oder Ruhe, und: Die Stille ist einfach da.

Für einen Moment verweile ich in dieser Stille und bin in ihr. Ich denke nicht, ich fühle nicht – ich bin Stille.

Ich bin angerührt und ahne, wie es war und wie es sein kann.

Am Anfang war die Stille. Alles Leben wuchs aus der Stille. Nicht, dass es Donner und Blitz, das Rauschen des Flusses und des Meeres, das Dröhnen der Lawinen und das Heulen des Sturmes nicht gegeben hätte.

Aber wer kennt es nicht: Oft herrscht vor oder nach dem Sturm Stille; manchmal sogar absolute Stille, die Natur schweigt. Ja, die Natur kann laut sein, aber sie lärmt nicht, sie produziert sich nicht im Lärm.

Erst die Zivilisation erringt Neues, eilt mit uns durch die Lüfte und Straßen, stellt Wertvolles und Wertloses her. Der Preis, den wir zahlen, heißt Lärm.

Die Stille verschwindet. Die Kinder wachsen mit Berieselung durch Worte und Töne auf. Sie hören nebenbei, sie können nicht still werden und bei sich selbst sein.

Die Stille, die in unserer Umwelt fehlt, sie fehlt auch in der Seele.

Die Außenwelt zerstört die Innenwelt, und das Leise, das scheinbar Unhörbare wird bedrohlich. Manchmal auch wird das Leise gar nicht wahrgenommen.

So kommt eine Lawine ins Rollen, die Beschallung nimmt zu. Wir hören ihre Stärke kaum, wir brauchen mehr und mehr, sind umgeben von Dauertönen, oft genug künstlich fabriziert. Der Lärm ersetzt die Kontakte, die Wärme des persönlichen Wortes, ersetzt die Berührung der Haut und die Zärtlichkeit.

Stille – tiefe Stille innen und außen ist dann für viele Menschen kaum auszuhalten. Und wie ist die Stille selbst? Sie ist stille, die Stille. Sonst ist sie nichts.

Hat sie keine eigene Qualität? Kann ich der Stille keinen eigenen Wert zusprechen? Ist sie nur durch mich und durch die Umgebung bestimmt?

Stille hat keinen besonderen Wert, letztlich ist sie wert-los, frei von menschlichen Vorstellungen, von unseren Wertungen und dem Denken. Stille ist. Stille ist da oder sie ist abwesend.

So enthält sie nichts und enthält doch alles. Letztlich ist auch der Lärm in ihr aufgehoben. Nicht der Lärm war zuerst, sondern die Stille war von Anfang an.

Und auch der Mensch ist nicht allein für das Tun, für das Machen und für das Einhalten von Aufgaben geschaffen.

Die biblische Schöpfungsgeschichte stellt an das Ende aller Entwicklung den Ruhetag, den Tag des Nichtstun. Die Stille.

Stille ist Stille.

Aber wenn wir der Stille begegnen, dann bekommt sie Eigenschaften. Sie ist unser Spiegel, sie spiegelt jedem die eigenen Seiten zurück. Was in uns ist, nimmt neu Gestalt an, formt sich, begegnet uns und tritt ins Bewusstsein.

Wir spüren unsere eigenen Ängste, vielleicht sogar unsere Grundängste.

Die Stille ängstigt nicht, sie lässt uns in die eigenen Ängste hineinspüren.

Wir spüren unsere Bedrohungen, die Bedrohungen, die in uns sind und die von außen kommen. Die Stille lässt uns sie wahrnehmen und ermöglicht es uns, sie auszuhalten.

Wir entdecken uns, Verdecktes wird sichtbar; deutlich und klar, die Stille schenkt diese Chance.

Wir nehmen das Tote und Erstarrte in uns wahr; die Stille ermöglicht das Lebendigwerden.

Wir nehmen das Heilende in uns auf, die Stille fördert – auch in allem Kranksein und Schmerz –, dass wir in aller Beschränktheit heilsam leben können.

Wir erkennen uns in aller Tiefe; die Stille führt zum Grund unseres Wesens.

Die Stille führt über uns selbst hinaus.

Gott ist in der Stille.

Stille ist ein Zustand der Begegnung.

Ich begegne mir, ich öffne mich und begegne dem Gegenüber: dem Göttlichen und dem Ursprung, genauso wie dem anderen Menschen, genauso wie mir selbst.

Chancen und Schwierigkeiten
Was tun, wenn mir Stille schwer fällt?

Manchmal erzählen mir Menschen, dass sie nicht oder nicht mehr sitzen können, weil alles kribbelt, weil die Unruhe so groß ist, weil gar keine Ruhe in der Stille einkehrt und sie noch unruhiger werden. Was können Sie in solchen Situationen tun? Sollen Sie gar nicht sitzen und erst einmal abwarten?

Ich möchte eine Reihe von Möglichkeiten anbieten, wie Sie mit diesen Spannungen und Erfahrungen umgehen können:

- Nehmen Sie Ihre Unruhe wahr und versuchen Sie sich nicht zu ärgern. Vielleicht können Sie sagen: Heute bin ich so.
- Sitzen Sie trotzdem. Üben Sie gerade in solchen Zeiten regelmäßiges Sitzen und achten Sie darauf, dass Sie bewussten Kontakt zum Boden haben. Schreiben Sie Ihre Wahrnehmungen auf.
- Hilfreich ist diese Grundübung: Achten Sie beim Sitzen auf Ihren Atem und bleiben Sie konzentriert in Ihrem Wort.
- Üben Sie vor dem Sitzen mindestens zweimal, besser viermal eine Gebärde. (Eine Gebärde finden Sie im 12. Brief.)
- Nehmen Sie im Sitzen die Gedanken und Bilder wahr, die auftauchen, und lösen Sie sich wieder davon. Was auftaucht, hilft oft zu verstehen, was in uns jetzt geschieht.
- Gerade wenn es schwierig ist, bleiben Sie in Ihrer Übung. Das immer neue Üben trägt und klärt; haben Sie den Mut, einfach weiter zu üben, auch wenn es schwer fällt.

Schöpferische Idee
Eine Vase oder eine Schale gestalten für die Sitzecke

Gehen Sie in die Natur und sammeln Sie einige wenige Äste, Blüten oder Zweige oder was immer Sie anspricht. Nehmen Sie nun eine einfache Vase oder einen Steckschwamm in einer Schale. Gestalten Sie dies aus der Stille mit den wenigen Dingen, die Sie haben. Denken Sie nicht über ein Kunstwerk nach, sondern lassen Sie sich von den Pflanzen leiten. Vielleicht ist etwas zu viel oder es fehlt ein Teil. Vielleicht möchten Sie einen Stein dazulegen – Ihren Ideen sind keine Grenzen gesetzt. Gestalten Sie aber im Schweigen und in Einfachheit. Stellen Sie die Vase in Ihre Sitzecke oder schmücken Sie Ihre Wohnung.

Gott der Stille

Kanon: Dorothea Schönhals-Schlaudt
Veränderte Textfassung: Rüdiger Maschwitz

Gott der Stil - le, Gott der Fül - le, Gott des le - ben - di - gen A - tems.

5. Brief

Leibarbeit

Zur Einstimmung

Tu deinem Leib etwas Gutes, damit deine Seele Lust hat, darin zu wohnen.
TERESA VON AVILA

Wisst ihr nicht, dass euer Leib der Wohnort Gottes ist?
PAULUS AN DIE KORINTHER

Körperarbeit oder die Übung des Leibes

Der Weg des Herzensgebetes ist wie jeder kontemplative, schweigende Weg ein Weg des Leibes. Meditationserfahrungen sind immer auch Körper-, also Leiberfahrungen.

In unserem Alltag wird das Wort *Leib* kaum verwendet, obwohl es mit dem Wort Leben und lebendig verwandt ist. Wir sprechen eher vom Körper. Beide Worte meinen aber nicht dasselbe. Das Wort Körper bezeichnet meist den biologischen Bereich. Wir sagen »mein Körper ist krank« und meinen, ein Teil von uns ist nicht in Ordnung, nicht funktionsfähig, nicht gesund. Diese Vorstellung ist uns vertraut, sie entspricht unserer Gewohnheit und gleichzeitig ist sie befremdlich. Wir sprechen oft von unserem Körper wie von einem dritten, fremden Ding. In Wirklichkeit ist nicht nur ein Teil von uns betroffen, sondern wir als *ganze* Person.

Nicht das Herz ist krank, sondern ich bin krank, und die Herzbeschwerden sind Ausdruck meines Krankseins. Nicht der Arm ist gebrochen und der Rest ist gesund, sondern der Armbruch ist Ausdruck meines Sturzes.

Diese Beispiele helfen zu verstehen, dass mit dem Leib das ganze Wesen des Menschen umschrieben ist. Für mich gehören seit vielen Jahren Meditation und Leibarbeit zusammen.

Sie könnten nun fragen: Reicht das »Sitzen in der Kontemplation« denn nicht aus?

Es gibt bis heute Traditionen – auch im Christentum –, die die unterschiedlichen Erfahrungsebenen trennen und bewerten. Oft wird die leibliche Erfahrung abgewertet und ausgegrenzt. Dies gilt besonders für den Bereich der Liebe, der Erotik, der Sexualität und der Sinnlichkeit. Ist es wirklich »gut« oder »heilsam«, Liebe und Sinnlichkeit auszublenden oder zu verdrängen? Sie beanspruchen ihren Raum der Erfüllung. Wie sie gelebt und gestaltet werden – auch zölibatär –, erwächst aus der Integration dieser Bereiche in die ganze Persönlichkeit. Was in die Person integriert ist, was zu ihr gehört, ermöglicht jeder Person in eigener Freiheit und Verantwortung »Ja« und »Nein« zu sagen.

Lassen Sie es mich persönlicher ausdrücken:

- Auf dem geistlichen Weg erfahre ich immer wieder neu, dass ich ein Mensch mit allen Sinnen bin und dass dies gut ist.
- Ich entdecke eine intensive Wechselbeziehung zwischen Leibarbeit und Meditation.
- Das regelmäßige Üben der Eutonie verändert meine innere und äußere Haltung. Ich bemerke nun früher und intensiver meine geistige, körperliche und seelische Anspannung, Verspannung und Verkrampfung.
- Durch die Übung kann ich immer zügiger zu einem Spannungsausgleich finden.
- Eutonie und Meditation des Herzensgebetes haben manches gemeinsam: Aufmerksamkeit und Sammlung, die Bewusstheit und Nüchternheit und die Einladung, sich selbst nicht abzuwerten.
- Zwischen Leibarbeit und Meditation tritt oft eine Wechselwirkung ein. Meditation und z.B. Eutonie ergänzen und befruchten sich gegenseitig. Die Auswirkungen der kontinuierlichen, wohlwollenden Übung spürt der

Übende dabei in allen Lebensfasern. Die Übung des Leibes wird zu einer Übung der Neugier und der Integration: Ich entdecke, was alles zu mir gehört.

Aspekte des Leibes

Es gibt mehrere uns vertraute Einteilungen des Leibes. Ich möchte ein bekanntes Schema darstellen und damit das zuvor Gesagte vertiefen. Das Schema ist nicht neu und greift in seiner Aufteilung auf Bekanntes zurück.

Wir beschreiben den Menschen als ein Wesen mit geistigen, seelischen und körperlichen Erfahrungsebenen. Diesen Ebenen ordnen wir Glieder zu, in denen diese Erfahrungen vorrangig zu Hause sind.

So ergibt sich folgendes Bild:

Erfahrungsebenen:	Leibbezogene Zuordnungen:
geistige (mentale) Ebene	Kopf
körperliche (somatische) Ebene	jeweilige Teile des Gesamtkörpers
seelische (emotionale) Ebene	Herzraum

Darüber hinaus gibt es eine geistliche / spirituelle (nicht geistige!) Erfahrungsebene.

Heute wird – aus vielerlei Gründen – die geistliche / spirituelle Ebene meist vernachlässigt oder je nach eigenem Gesichts- bzw. Standpunkt einer der drei anderen Erfahrungsebenen zugeordnet. So wird manchmal Spiritualität als Ausdruck einer rationalen, vernunftorientierten Theologie im geistigen Bereich angesiedelt. Die Verwechslung von geistlich und geistig kommt nicht von ungefähr.

Die spirituelle Ebene ist die integrative Ebene, in der die Vielfalt und Einheit der verschiedenen Ebenen zum Tragen kommen. Ich knüpfe in diesen Erläuterungen an die alten Traditionen an, betone aber den Erfahrungshintergrund und verweise darauf, dass eine integrative Ebene etwas anderes ist als eine bestimmende, normative oder gar moralische Ebene. Letztere lässt kaum Erfahrung zu, sie würde eher bestimmen, was als Erfahrung herauskommen soll. So ergibt sich folgendes Modell:

Erfahrungsebenen:	Leibbezogene Zuordnungen:
geistige (mentale) Ebene	Kopf
körperliche (somatische) Ebene	jeweilige Teile des Gesamtkörpers
seelische (emotionale) Ebene	Herzraum
spirituell/geistliche Ebene	Leib als »integratives Gesamtes«

Dies bedeutet zusammengefasst: Durch die spirituellen, geistlichen Erfahrungsebenen des ganzen Leibes gewinnt der Mensch die »Gestalt seiner ganzen Persönlichkeit«. In der Leibarbeit und in der Meditation wirkt der Mensch somit an seiner Persönlichkeit.

Was bewirkt Leibarbeit – insbesondere die Eutonie?

Bei AnfängerInnen wirkt die Eutonie vorrangig auf den mehr körperlichen Bereich und wird in der Haltung des Menschen sichtbar. Mit zunehmendem Üben werden die seelischen Dimensionen spürbar. Dies könnten Sie – bei regelmäßiger Übung – nun selbst erfahren haben.

Mit der Zeit wird die Einheit beider Erfahrungsebenen so deutlich, dass die Wechselwirkung erstaunlich ist. Seelische Klärungen ziehen körperliche Veränderungen nach sich, körperlicher Spannungsausgleich wirkt sich auf den seelischen Bereich aus. Noch erstaunlicher ist bei langfristig Übenden die geistige Veränderung. Ich möchte diese Veränderung mit den Worten Frische / Kreativitätszuwachs / Belastbarkeit / Eigenständigkeit und Erweiterung der kognitiven Struktur umschreiben.

Interessant ist auch eine Beobachtung, die ich in Gesprächen mit Übenden gemacht habe. Anscheinend wirkt Eutonie auf die rechte und die linke Hirnhälfte gleichermaßen, wobei Hinweise auf Auswirkungen auf die rechte Hirnhälfte (schöpferisches, emotionales und spirituelles Lernen) im Vordergrund standen.

Zum Schluss dieses Abschnittes bleibt die Frage: Hat Eutonie einen spirituellen Bereich bzw. spirituelle Auswirkungen? Oder: Gibt es die Möglichkeit, »geistlich neutrale« Eutonie zu üben?

Schon beim Yoga zeigt sich die Problematik, Yoga ohne geistliche Dimension üben zu wollen.

Nun ist Eutonie kein eigener geistlicher Weg wie Yoga. Eutonie ist aber eine umfassende Erfahrung, die den Menschen in seiner ganzen Persönlichkeit erreicht und im Üben durchdringt. Es ist sicherlich richtig, dass hinter der Eutonie kein geistlich geprägtes Menschenbild steht, das durch Üben erreicht werden soll. Aber auch in dieser Freiheit liegt eine Auffassung vom Menschsein: Mann und Frau dürfen die Menschen werden, als die sie gedacht sind. Für mich ist dies eine geistliche Aussage: Ich darf so werden, wie ich von der Schöpfung (von Gott) her gedacht bin. Ich kann mich entsprechend meiner Würde, meinen Möglichkeiten und Unmöglichkeiten, mit meinen Verletzungen und mit meinen Störungen und Grenzen entfalten.

Chancen und Schwierigkeiten
Leibbewusstsein – Ich erfahre mich so,
wie ich (geworden) bin

Ich möchte drei weitere Aspekte der »Leibarbeit« darlegen. Dieses Wissen kann helfen, eigene Reaktionen, Zustände und Erfahrungen bewusster zu verarbeiten und zu integrieren. Vielleicht nützen Ihnen diese Beschreibungen, um sich selbst besser zu verstehen.

Das Leibgedächtnis

Im Leib speichern sich unterschiedliche Erfahrungen. Da ist die lebendige Bewegungsfreude des Kindes genauso gespeichert wie Schmerz oder Angst. Diese Erfahrungen sind dem Bewusstsein nicht unbedingt mehr zugänglich. In vielen Lebensphasen wirkt dieses »Nichtwissen« wie eine Hilfe. Er schützt vor leidvollen Erfahrungen, die zurzeit nicht bewältigt werden können.

Ein Beispiel: Um überhaupt leben zu können, sind viele Missbrauchserfahrungen kaum erinnerbar oder nicht zugänglich. Im Leib aber sind sie gegenwärtig. In der eutonischen Arbeit finden Männer und Frauen langsam und vertrauensvoll ihre Leiblichkeit wieder und Gefühle tauchen auf. Es kommt zu der Frage: Welche unbewussten Erfahrungen (umfassend gemeint) hat mein Leib gespeichert und was teilt sich mir in der kontinuierlichen Übung mit? Die Antwort wächst zumeist langsam und angemessen; sprunghafte und plötzliche Erkenntnisse aber sind genauso möglich. Ebenso dringen wohltuende und heilsame Erfahrungen des Leibgedächtnisses von früher durch die Eutonie ins Bewusstsein. Ich entdecke meinen Bewegungsdrang wieder oder ich erinnere mich an mein Körpergefühl als Kind.

Das Leibgedächtnis – also die Speicherung der Erfahrungen im Körper – erscheint mir umfassender als das Erinnerungsvermögen des Geistes. Es vergegenwärtigt die Erinnerung gleichsam mit den Gefühlen und Grunderfahrungen. Dem Leibgedächtnis stehen alle Aspekte des Seins zur Verfügung: Es können Erinnerungen als seelische Bilder, als Gefühle, als Worte, Handlungsabläufe, Körperwahrnehmungen usw. bewusst werden.

In der Begegnung mit dem eigenen Leib erspürt der Mensch die eigene (Lebens-)Geschichte ohne Worte und in der Eutonie werden diese Erfahrungen angemessen zur Verarbeitung freigegeben. Es eröffnet sich ein Zugang zur Lebensgeschichte, der sonst vielleicht nicht möglich gewesen wäre. Wie oft erlebe ich bei Menschen, die in der frühen Kindheit schwierige Situationen durchlebt haben, Eutonie als vergegenwärtigend, einfühlend, heilsam. Der Leib wird nicht nur als geschlagen oder verachtet erfahren. Nun werden auch die anderen Aspekte, die mitunter verschüttet sind, lebbar. Freude, Lust, Schönheit, Empfindungsreichtum, kurz gesagt, Leibhaftigkeit ermöglicht im Heute Vergegenwärtigung, Annahme und Durchleben der nicht gelebten Seiten des Lebens. Es geschieht Veränderung.

Dabei ermöglicht die Eutonie immer neuen Kontakt zur eigenen Person. Der Kontakt zum Boden verhilft dazu, nicht nur mit beiden Beinen auf dem Boden zu stehen, sondern umfassend den Boden mit dem Leib zu erfahren. Der Mensch spürt, wie »der Boden trägt« und übt Vertrauen.

Leibvergegenwärtigung

Im Leibgedächtnis gespeicherte Erfahrungen werden uns immer in der Gegenwart bewusst. Sie werden in einem anderen als dem erlebten – eben im jetzigen – Lebensabschnitt deutlich, mit einem Mehr an Lebensgeschichte und einem anderen, dem gegenwärtigen Lebenshintergrund. Der Leib reagiert in der Gegenwart und teilt sich auf den verschiedenen Erfahrungsebenen mit. Bei aller schwierigen Vergangenheit geschieht die Bewusstwerdung und die Verarbeitung im *Jetzt*. Diese Gegenwart kann von Vertrauen, Geborgenheit und Liebe geprägt sein, dann wird die Durcharbeitung leichter sein. Die Gegenwart kann andererseits als gefährdend, dunkel und als nicht tragfähig erlebt werden, dann kann eine solche Erfahrung sich zur tiefen Krise zuspitzen. Eine Neuorientierung in dieser Krise birgt dann eine mögliche Chance, die aber Begleitung und gegebenenfalls Therapie braucht.

Leibveränderungen

Der Mensch kann sich durch sein Üben und die damit verbundenen Erfahrungen wandeln und dabei reifen. Dies heißt, der Mensch kann die eigenen Veränderungen geschehen lassen. Im Wandel drückt sich Hoffnung auf die Neugestaltung des Lebens aus. Wandel umfasst den Zukunftsaspekt, der im Augenblick beginnt. Nun stellt sich die Frage: Wie kann ich mit meiner Lebensgeschichte *jetzt* die/der werden, als die/der ich geschaffen bin?

Ich erfahre die Antwort in der regelmäßigen Übung, in der Gedächtnis, Vergegenwärtigung und Veränderung gleichermaßen wirksam sind.

Oft genug höre ich die folgenden Fragen: Wie kann ich mit den Erfahrungen und Schmerzen der Vergangenheit umgehen? Wie kann ich den sich wandelnden Ausdruck zulassen? Was soll ich mit meinen Ängsten, aber auch mit meiner Freude machen?

Was in der Meditation und in der Eutonie an inneren Prozessen geschieht, bedarf des Ausdrucks. Inneres Geschehen sucht seine Gestalt. Es ist wichtig, nicht im ständigen inneren Dialog mit sich selbst zu bleiben. Damit meine ich nicht nur, dass es hilfreich ist, mit anderen zu reden.

Ich erinnere an die Möglichkeit, ein geistliches Tagebuch anzulegen, in das Sie besonders Ihre Träume und Emotionen eintragen, ohne dass Sie gleich versuchen, sich zu analysieren, zu verändern, zu bewerten und Neues zu machen. Üben Sie sich auszuhalten. Manchmal ist dies anstrengend genug.

Darüber hinaus verweise ich auf einige der schöpferischen Übungen. Gerade frei gemalte Bilder ermöglichen Ihnen, in großer Freiheit sich auszudrücken. Sie werden mit Erstaunen erleben, wie vielfältig Ihr innerer Ausdruck ist. Sie können auch auf eine andere Art und Weise Ihre Träume und Gefühle malen.

Nicht zuletzt hilft körperliche Tätigkeit auch in den seelischen Prozessen. Ich denke dabei nicht nur an die Arbeit im Garten oder daran, ein Zimmer zu renovieren. Gehen Sie zum Beispiel lange spazieren, wandern Sie, fahren Sie Fahrrad – ohne jeden Leistungs- oder Muss-Aspekt.

Vor allem aber bleiben Sie gerade in dieser Zeit in der regelmäßigen Übung. Dies ordnet und heilt. Versuchen Sie besonders in der Meditation den inneren Dialog zu unterbrechen und richten Sie sich immer wieder neu im Herzensgebet aus. Vielleicht erfahren Sie dabei, dass der Grund des Lebens nicht in Frage gestellt ist, sondern in und trotz aller Schwierigkeit trägt.

Schöpferische Idee
Den Leib in Ton gestalten

Nehmen Sie sich zur Eutonie – wenn Sie Zeit haben – einen weichen Klumpen Ton auf einer Unterlage mit. Führen Sie Ihre Eutonieübung wie gewohnt durch. Beenden Sie die Übung und setzen Sie sich. Schließen Sie die Augen und lassen Sie, wenn möglich, bis zum Schluss die Augen geschlossen. Nehmen Sie den Ton in die Hand und formen Sie blind – ohne jede Überlegung – von innen heraus Ihre Gestalt. Öffnen Sie schließlich Ihre Augen und besehen, befühlen, beachten Sie Ihre getöpferte Gestalt und akzeptieren Sie Ihren »heutigen« Ausdruck.

Sie können diese Übung auch nach einer Meditation vollziehen. Wiederholen Sie diese Gestaltung, so oft Sie wollen.

6. Brief

Den Weg als Ziel entdecken

Zur Einstimmung

Über die Kartoffeln

Zu einer weisen Frau kam ein Mann: »Weißt du, wie ich die Tiefe des Lebens finden kann? Ich habe viele Wege und Möglichkeiten probiert, aber nichts hat mich befriedigt oder mir gar eine Wegweisung gegeben.«

Der Blick der Frau ruhte auf ihm und sie sprach: »Setz dich und höre: »Die Menschen hatten gehört, dass Kartoffeln das Leben bereichern, ja dass es notwendig sei, Kartoffeln zu essen. Und sie kauften Kartoffeln und aßen sie mit Genuss. Da es aber schnell eintönig wurde, versuchten sie Bratkartoffeln, Pellkartoffeln, Kartoffelbrei, Reibekuchen und vieles mehr. Und sie entdeckten, dass es viele verschiedene Sorten von Kartoffeln gab – fest und weich kochende, rote und braune, mehlige und nussähnlich schmeckende. Und sie kauften, probierten und aßen. Meist aber schmeckte es nur eine Zeit lang. Sobald sie sich daran gewöhnt hatten, suchten sie nach neuen Kartoffelsorten und neuen Rezepten. Eines Tages kam ein Mann zur der Frau, die die Kartoffeln verkaufte und fragte: ›Ich habe so viele Kartoffelarten und ihre Rezepte probiert, aber das kann doch nicht alles sein? Weißt du eine Antwort?‹

Die Frau nickte und gab ihm eine Tüte mit runzeligen Kartoffeln voller Keime. Der Mann sah in die Tüte, verzog das Gesicht und dachte: Ich werde sie trotzdem zubereiten. Vielleicht liegt ein Geheimnis in diesen Kartoffeln.

Die Frau erkannte seine Gedanken und sagte: ›Nehmen Sie die Kartoffeln und legen Sie sie in dunkle Erde und schauen Sie, wenn die Pflanzen über der Erde trocken werden, unter der Erde wieder nach. Machen Sie sich ruhig die Hände schmutzig, graben Sie in der Erde.‹ Der Mann tat wie geheißen, und nach einer Zeit erntete er neue Kartoffeln. Einen großen Teil aß er voller Freude, einen kleinen Teil legte er zur Seite und pflanzte ihn wieder. So lebte er zufrieden, übte Geduld und hatte alles, was er brauchte.«

Der Gast schaute die Frau ratlos an: »Wo ist die Antwort auf meine Frage?« Sie lächelte ihn an und sprach: »Willst du immer neue Kartoffelvarianten essen oder dir auch die Mühe des Pflanzens, des Säens, des Pflegens und des Erntens machen?«

Den Weg als Ziel entdecken und die »Logoswort-Arbeit«

Vielleicht haben Sie sich schon gefragt: Warum sitze ich eigentlich? Warum suche ich den intensiven Kontakt mit mir und mit Gott? Was bringt mich dazu, still zu werden, ein Wort in mir zu bewegen? Ist es die Erfahrung, dass ich anders nicht weiterleben kann; dass mir der Sinn fehlt; dass es mir schlichtweg gut tut? Oder brauche ich Raum für mich selbst, möchte ich in meinem Glauben und Vertrauen erwachsener werden und eigene Verantwortung übernehmen?

Diese Antworten sind möglich. Gleichzeitig enthalten sie nicht die letzte Antwort und auch nicht die zentrale Frage: Sitze und übe ich auf ein Ziel hin?

In der Tradition des Herzensgebetes gibt es einen Hinweis auf den Sinn allen Übens – es geht um die Begegnung und die Erfahrung der Wirklichkeit Gottes. Manche wird dieses »Ziel« erschrecken, andere begeistern. Allen aber muss gesagt werden: Die letzte und tiefste Begegnung mit Gott ist kein Ziel, sondern ein Geschenk. Jede tiefe Erfahrung und Begegnung mit Gott ist nicht durch Leistung und Übung zu erreichen, sondern ist eine Erfahrung, die dem Menschen zufällt und auf die er sich einlässt. Auf solch ein Ziel etwa hinzuüben, fördert oft nur die Enttäuschung, wenn Sie zu sehr auf das »Geschenk« fixiert sind.

Zwischenruf
Aus der evangelisch-protestantischen Tradition ist der Hinweis wichtig, dass wir Gottes Liebe nicht durch eigene Leistung erreichen können. Vielmehr sind wir immer in dieser Liebe. Dies nennen wir »in Gottes Gnade leben«. Andererseits hat dieses Wissen um die Liebe und Gnade Gottes dazu geführt, dass wir kaum einen geistlichen Übungsweg im evangelischen Raum suchen, fördern und gehen. Dies ist eine mögliche Erklärung für die vielerorts anzutreffende geistliche Leere. Da wurde das Kind mit dem Bade ausgeschüttet.

Den Wert des Übens veranschaulicht ein Bild: Wir wissen alle, dass wir von der Luft umgeben sind. Wir brauchen die Luft zum Leben und müssen nichts dafür tun, dass sie da ist. Sie ist ein Geschenk. Andererseits ist die Qualität der Luft unterschiedlich, kein Mensch käme auf die Idee, nicht die Zimmer zu lüften und dafür die Fenster zu öffnen.

Nichts anderes geschieht in der Meditation: Wir öffnen bewusst die Fenster für Gott. Eines dieser Fenster ist unser Herzraum. Gleichzeitig lernen wir mit

Gottes Geist, also mit seiner Energie und Kraft, immer verantwortungsvoller umzugehen. Wir können lernen, das Geschenk und die Übung als Einheit zu erfassen und zu leben. Eines ist nicht ohne das andere möglich, wenn es seinen dauerhaften Ort im alltäglichen Leben haben soll.

Gibt es dann nicht ein anderes und angemesseneres Ziel? – Sicherlich ließen sich neben den schon genannten Absichten noch einige finden: mich Gott nähern, meine Mitte finden, in Gott verweilen.

Mit diesen Beschreibungen sind Wegerfahrungen ausgedrückt: Wenn ich sitze und übe, wenn ich in der Meditation des Herzensgebetes verweile, begebe ich mich auf einen Weg – zu Gott, zu den Geschöpfen und Menschen und nicht zuletzt zu mir selbst.

Ein geistlicher Weg ist mit einem Weg vergleichbar, der in eine Richtung führt. In gewisser Hinsicht ist er eine Einbahnstraße: Wer zurückgeht, gelangt in schwierige Situationen – die Richtung geht verloren, die Vergangenheit holt uns ein; der Ausgangspunkt, den wir wieder herbeisehnen, ist nicht mehr der gleiche. Wiederholungen alter Erfahrungen sind nie möglich.

Mit diesem Wissen rät Jesus seinen Freunden: Schaut nicht zurück, wenn ihr mit folgt. Damit meint er nicht, dass wir die Aufarbeitung vergangener Lebensumstände sein lassen sollen. Oft befreit uns diese Auseinandersetzung ja erst zu einem Leben, in dem wir uns in jedem Augenblick verantworten und präsent sind. Jesus ermutigt uns vielmehr, im Heute zu leben und nicht in den Schmerzen, Ängsten und Sehnsüchten des Gewesenen zu verhaften, also nicht Gefangene des Gestrigen zu bleiben.

Hören Sie das Wort Jesu »Ich bin der Weg« einmal ganz wörtlich und setzen Sie es in Beziehung zum Herzensgebet. Jesus sagt nicht: Ich bin das Ziel eures Lebens, ich bin als Zielvorstellung definierbar oder beschreibbar, sondern er sagt zuerst: Ich bin. Mehr gibt es über einen Menschen und über Gott nicht zu sagen: »Ich bin, der ich bin.« Es ist die ganze Essenz. Dies beinhaltet, dass Gott als Einheit und Ganzes da ist. Gott ist außerhalb von Vergangenheit, Gegenwart und Zukunft und gleichzeitig in allen Zeiten; wir nennen dies Ewigkeit.

Wir Menschen leben allerdings mit einem anderen Zeitverständnis. Wir teilen die Zeit ein, versuchen, alle Zeit zu beherrschen, und laufen dem Heute – also dem gegenwärtigen Moment – fast immer nach. »Ich bin« verweist auf das Grundanliegen der Meditation: Im Heute Gottes zu verweilen und nirgendwo anders mit Herz, Verstand, Körper, Geist und Sinnen zu sein.

Dieses wesentliche Anliegen der Meditation lässt sich so formulieren: *Ich beginne immer wieder, mit jeder Übung, im Heute zu sein.*

Beim Üben gehen wir einen Weg und dieser Weg ist gleichzeitig auch das Ziel allen Bemühens und Übens. Wir kommen also nicht irgendwann an irgendein Ziel (vielleicht das der Erleuchtung oder Gottesschau). Das Auf-dem-Weg-Sein ist das Wesentliche. Wir Menschen können nur auf dem Weg sein, alles andere ist Anmaßung, Überforderung und birgt Enttäuschung in sich. In jedem Augenblick sind wir, am Anfang und am Ende gleichermaßen.

Neulich las ich den Satz »Der Weg ist das Ziel« in einer Autowerbung. Die Werbung will uns vermitteln, dass bei diesem Auto nicht das ferne zu erreichende Ziel das Wichtige sei, sondern jeder Moment des Unterwegsseins sei wertvoll. Auf diese Momente kommt es an, sie gilt es zu leben.

In einem gewissen Sinne verdeutlicht dieses Beispiel genau das, was ich ausdrücken wollte: Im Herzensgebet sind wir auf dem Weg.

Die Zukunft kommt aus sich heraus; sie ist im Augenblick oft Ablenkung.

Nun steht das Jesuswort »Ich bin der Weg« im 14. Kapitel des Johannesevangeliums in einem Zusammenhang. Es heißt dort sinngemäß: Niemand erkennt Gott, es sei denn durch mich.

Indem wir ein Wort meditieren und immer wiederholen, sind wir auf dem Weg des Erkennens. »Erkennen« meint in diesem Zusammenhang nicht eine besondere und überragende Art des Denkens, etwa in dem Sinne, ich habe etwas verstanden oder intellektuell erfasst. Erkennen bedeutet im biblischen Zusammenhang, jemanden in seiner ganzen Tiefe erleben und eins mit ihm sein. Dies ist sehr schön im Alten Testament für die Beziehung von Mann und Frau ausgedrückt: Adam erkannte Eva, Eva erkannte Adam.

Die Vereinigung von Mann und Frau ist ein Erkennen, ein Sich-Anvertrauen und Sich-rückhaltlos-Erleben. Es ist ein Eins-Sein, eine Einigung. Die immer wiederkehrende Vereinigung mit Gott im Sitzen und Üben ist der Weg, den wir in der Meditation gehen. Dabei machen wir sehr unterschiedliche Erfahrungen. Und wie in der Beziehung zwischen Menschen ist die Vereinigung und das Erkennen nie gleichermaßen intensiv.

»Der Weg ist das Ziel« befreit uns von der Vorstellung, irgendwann etwas erreichen zu müssen, gleichzeitig fordert dieser Satz heraus, erinnert uns daran, dass Gott nur im Heute zu finden ist, und öffnet uns für die Freude und Verantwortung im Augenblick.

Um was geht es in der Logoswort-Arbeit?

Die Logoswort-Arbeit ist überall da eine Hilfe zur Vertiefung der Meditationspraxis, wo Menschen mit zu vielem beschäftigt sind. Dies können Gefühle, Gedanken, Planungen und Fantasien sein. Diese Menschen sind dann nicht bei sich, sondern woanders. Die Logoswort-Arbeit hilft ihnen bei einer Aufgabe zu bleiben und zu verweilen. Was geschieht nun: Es gibt Worte aus der Tradition und aus der Bibel, die als Bearbeitungs- oder Rätselworte durchgearbeitet und durchgekaut werden können. Im Gegensatz zu dem Herzensgebetswort wird dieses Wort erschlossen. Es ist kein Gebet, sondern Mittel zum Zweck: Das Durchkauen des Logos-Wortes, so nenne ich es, öffnet die Türen zur Begegnung mit dem Göttlichen.

Wie kann damit gearbeitet werden?

Es gibt zwei Arbeitsweisen:

1. Nehmen Sie sich ein Wort (ich mache dazu unten einige Vorschläge) und bewegen Sie dieses Wort in ihrem Herzen. Nehmen Sie wahr, was das Wort auslöst. Das Wort sollte mehr als nur bedacht werden. Manche Worte bewirken wenig, andere treffen deutlich, andere Worte haben Langzeitwirkung. Dies ist von Mensch zu Mensch unterschiedlich.
2. Sie sprechen mit Ihrem Begleiter oder der Begleiterin ein Wort ab, das Sie so lange begleitet, bis auf das Wort eine persönliche Antwort, eine persönliche »Lösung« gefunden wurde. Dann folgt das nächste Wort. Diese Auseinandersetzung hat einen großen Vorteil auf dem Weg: Der/die Übende begegnet sich gezielt. Es gibt bei einer solchen Arbeitsform nur persönliche Antworten; was für den einen richtig ist, ist für den anderen unzutreffend. Wer will, kann mit dem Begleitenden diese Arbeitsform absprechen.

Wichtig: Das Herzensgebet bleibt als Grundmelodie gegenwärtig.

Einige Beispiele

Das Wollen und das Nicht-Wollen sind gleich. Wo ist der Weg?
(Vater Johannes)

Jesus sagt: »Liebe deine Feinde.« Was aber, wenn die Feinde in dir sind?
(Vater Johannes unter Bezug auf Matthäus 5,44)

Wenn dein inneres Auge – dein Herz – blind ist,
wie erträgst du den Schrecken der Dunkelheit?
(Nach Matthäus 6,23b)

Selig sind, deren Herz leer ist, sie werden Gott schauen.
(Nach Matthäus 5,8)

Ihr sollt vollkommen sein, weil euer Vater im Himmel vollkommen ist.
Wie kann das Unvollkommene vollkommen werden,
ohne vollkommen zu werden?
(Vater Johannes unter Bezug auf Matthäus 5,48)

Chancen und Schwierigkeiten
Der Atem und seine Verbindung zum Wort

In der Literatur zum Herzensgebet gibt es oft Hinweise auf den Atem und auf eine Verbindung des Atems mit dem Wort. Zum Teil werden Techniken dazu gelehrt. Diese Techniken sind nicht ungefährlich und dürfen nur von einem erfahrenen Lehrer weitergegeben werden. Vor allem müssen diese Techniken dem übenden Menschen entsprechen.

Ich selbst halte es für sinnvoll, überhaupt keine Atemtechnik zu lehren und einzuüben. Der Atem verbindet sich in der Zeit der Übung mit dem Wort und wir bleiben in dem Dreiergrundrhythmus: Ausatmen – natürliche (!) Pause – Einatmen. Wesentlich ist die natürliche Pause, sie ist der absolute Ort der Stille – nichts geschieht. Wir verweilen. Das Wort legt sich in das Ein- und Ausatmen hinein. Bitte machen Sie dies nicht künstlich oder durchdacht. Oft wird so der Atemrhythmus gestört. Lassen Sie es geschehen.

Außerdem legt sich jedes Wort bei verschiedenen Menschen ganz unterschiedlich in den Atemrhythmus, zum Beispiel spricht der eine »Schalom« im Ausatmen, bei einer anderen verteilt sich »Scha-« auf das Einatmen und »-lom« auf das Ausatmen.

Es ist eine der wunderbaren Erfahrungen des Herzensgebetes, dass die Einheit des Wortes mit dem Atem und später mit dem Herzensraum sich einfindet.

Gemachter und gesteuerter Atem ist schädlich und hat seine Aufgabe nur in therapeutischen und medizinischen Bereichen. Lassen Sie den Atem fließen, es atmet Sie. Die einfachste Grundübung – die zugleich schwer ist, weil wir das Machen und Beeinflussen gewohnt sind – besteht darin, den eigenen natürlichen Atem zuzulassen.

P.S.
Ich lese diesen Abschnitt nach einigen Jahren wieder und bin noch entschiedener gegen alle Zuweisungen des Wortes an einen fremdbestimmten Atemrhythmus. In der Begleitung erlebte ich viel »gelerntes Unheil« von Atempressung bis Atemanhalten. In der Einzelanweisung kann es vielleicht einmal einen technischen Hinweis oder eine Übung geben, sonst lassen Sie den Atemhauch Gottes gewähren. Der Atemhauch braucht unsere Mitwirkung höchst selten.

Schöpferische Idee
Sich im Tanzen ausdrücken

Eine Ausdrucksform für innere bzw. geistliche Erfahrungen ist der Tanz. In der jüdischen Tradition tanzen zum Beispiel Mirjam und David. Sie tanzen allein für sich und wahrscheinlich auch in Gruppen.

Meditatives Tanzen in Gruppen hat den geistlichen Weg und die Meditation bereichert. Hier möchte ich Sie nicht anregen, in Gruppen zu tanzen, sondern allein Ihrem inneren Geschehen Ausdruck zu geben. Dies ist eine gute Möglichkeit, den eigenen Rhythmus zu spüren und zu finden.

Kinder und Jugendliche hören oft eine Musik und setzen sie in Bewegung um. Tun Sie dies auch. Suchen Sie sich eine Musik, egal ob langsam oder schnell. Sie soll nur mit Ihnen übereinstimmen. Vielleicht lieben Sie Jazz oder ein Rockstück oder Klassik oder Folk. Hören Sie die Musik und bewegen Sie sich frei zur Musik. Vielleicht wollen Sie dazu die Augen schließen, vielleicht wollen Sie dazu allein sein, vielleicht müssen Sie dazu ein Zimmer frei(er) räumen, vielleicht möchten Sie dies wiederholen ...

Viel Freude!

Einige Musikideen:

- Colosseum: Valentine Suite (rock-jazzig, mit Power und Tempi-Wechsel, etwas länger).
- Ravels Bolero oder der Säbeltanz aus der russischen Tradition oder Ballettmusik sind oft gut geeignet.
- Ben Sidran: Life is a lesson (Die Musik verbindet einzigartig Jazz und jüdisch-liturgische Stücke. Manches lässt sich gut tanzen.)
- Klezmer-Musik, z.B. von Giora Feidman oder den Klezmatics.

Ich bin da!

T: Rüdiger Maschwitz / M: Michael Reimann

7. Brief

Die Ebenen der Meditation

Zur Einstimmung

Die eitle Abgeschiedenheit

Man erzählte Rabbi Bunam von einem in der Abgeschiedenheit lebenden Mann. »Mancher«, sagte er, »zieht sich in die Wildnis zurück und blinzelt durchs Gestrüpp, ob ihn keiner aus der Ferne bewundert.«

Martin Buber, Die Erzählungen der Chassidim
© Manesse Verlag, Zürich 1949, S. 345

Die Ebenen der Meditation und des Inneren Gebetes

Vielleicht haben Sie sich nach einer Zeit der intensiveren Übung gefragt: Wo stehe ich in meiner Praxis? Kann und soll man dies überhaupt beurteilen und wie kann ich zufrieden weiterüben, ohne unter Erfolgsdruck zu geraten?

Viele von Ihnen kennen das Leiterspiel. Es ist ein Würfelbrettspiel mit Figuren. Mal haben Sie den Eindruck, eine große Leiter emporgeklettert zu sein, mal haben Sie das Gefühl, wieder herunterzurutschen. In manchen Bereichen ist der Weg der Meditation des Herzensgebetes damit vergleichbar. Wir gelangen immer wieder an den Fuß der Leiter, wir stehen immer wieder am Anfang des Übens. Wir machen die Erfahrung, dass wir nicht an ein Ende der Übung kommen, sondern dass unser Fortschreiten die Einsicht beinhaltet, ein Leben lang immer wieder auf anderen Ebenen weiterzugehen.

Wie kann ich nun entdecken, wo ich auf diesem Weg gerade bin?

In dieser Frage verbirgt sich oft der Wunsch nach Erfolgserlebnissen im Bereich geistlicher Erfahrungen.

Darüber hinaus kann diese Frage aber auch notwendig sein, wenn ich auf meinem Weg verzweifle, weil ich mich in einer dunklen, schwierigen Phase befinde. Allerdings gehört diese Frage in das Einzelgespräch, weil es nur dort persönliche Antworten gibt. Sie selbst können sich die Frage nicht beantworten. Wenn andere Menschen – in der Begleitung – mit Ihnen eine Antwort suchen, wird sie für Sie zu einem hilfreichen Spiegel.

Ein wenig helfen kann allerdings die Information, auf welchen Ebenen oder in welchen Phasen die Meditation sich vollzieht. Deshalb erläutere ich die unterschiedlichen Ebenen des Gebetes und stelle dann die Phasen der Meditation dar.

In der Tradition des Herzensgebetes werden zumeist drei Ebenen unterschieden:

- *Das mit Worten gesprochene Gebet* – dabei ist noch einmal der Unterschied zwischen dem nachgesprochenen Gebet und dem aus dem Herzen kommenden selbst formulierten Gebet zu berücksichtigen;
- *Das inwendig gesprochene und sich wiederholende Gebet* – also die Übung des Herzensgebetes;
- *Das immer währende – ohne unser Zutun – lebendige Herzensgebet in uns.*

Die letzten beiden Ebenen stehen in großer Nähe zu anderen Meditations- und Kontemplationswegen, auch solchen aus anderen Religionen. Dies erlaubt es uns, in der Übungsweise der Meditation das Herzensgebet zu praktizieren.

Die Gebete und ihre äußeren Formen haben unterschiedliche Aufgaben. Es geht deshalb nicht um eine Wertung: So wie alles seine Zeit hat, hat auch alles seinen Platz, seine Aufgabe und seinen Sinn. Die letzte Ebene – das immer während Gebet, das uns auch im Alltag begleitet – ist nicht durch Übung zu erlangen, sondern ist ein Geschenk. Andererseits sorgt die Übung dafür, dass wir alles vorbereitet haben, um das Geschenk annehmen zu können.

Nun zu den Phasen der Meditation. Sie werden in der Tradition unterschiedlich benannt; die Benennung ist aber zweitrangig. Überprüfen Sie diese Phasen und ihre Bezeichnungen an und in Ihrer eigenen Praxis. Nehmen Sie dies nicht als ein »So-muss-es-sein«; die Beschreibungen sind eher eine Hilfe, die eigenen Erfahrungen zu erfassen und anzunehmen. Ich unterscheide folgende Phasen:

Hineinfinden in die Stille
Jetzt spüren Sie die Stille, Sie halten die Stille erst einmal aus, Sie erfassen die Stille mit den Sinnen und lassen sie zu.

Sich sammeln
Sich sammeln ist mehr und etwas anderes, als sich konzentrieren. Konzentrieren geschieht für viele Menschen im Kopf. Sie konzentrieren sich für eine (geistige) Aufgabe. Sich sammeln bedeutet dagegen, sich in die Mitte des eigenen Wesens begeben und mit allen Sinnen auf das »Sitzen im Wort« ausgerichtet zu sein.

In der Sammlung bleiben
Oft genug können wir für einen Moment gesammelt sein. Dann beginnen unsere Gedanken zu tanzen und wir sind woanders. Wir üben immer wieder die Rückkehr in die Sammlung, und gleichzeitig das andauernde Verweilen in der Sammlung. Dabei zwingen Sie sich bitte nicht verkrampft zur Sammlung. Dies führt sonst zur Verspannung und Verkrampfung.

In der Sammlung Gott begegnen
Nach meinen Erfahrungen erleben wir alle eine Begegnung, eine innere Zwiesprache, eine Erfahrung mit Gott im Herzensgebet. Dazu gehören das innere

Angerührtwerden und die Tränen; dazu gehören tiefe Einsichten, die auf einmal aus dem Herzen heraus klar sind; dazu gehören die Empfindungen der Liebe und des Verbundenseins; dazu gehören das Verweilen im Wort und die Reaktion Gottes. Oft ist es das Alltägliche, das uns auf einmal bewusst wird, und wir sind voll Dankbarkeit. Manches ließe sich psychologisch erklären. Warum auch nicht? Und doch ist es mehr.

In der Sammlung Gott schauen und erkennen, in Gott verweilen
Jede Beschreibung dieser Erfahrung löst nur neue Missverständnisse oder Neugier aus. Wer sie erfährt, weiß dann um diese Erfahrung. Sie wird gegeben, sie fällt dem Menschen zu und damit merkt er dann: Ich bin ganz neu und doch der alte Mensch.

Die ersten vier Phasen können wir alle erleben, in der letzten Phase ahnen wir die Nähe zur Gabe des immer währenden Gebetes – beide Erfahrungen sind miteinander verbunden und fallen uns zu. Ich möchte in diesem Zusammenhang noch einmal an den vorhergehenden Brief erinnern. Diese letzten Erfahrungen mit dem Urgrund des Lebens lassen sich nicht erwerben, sie sind auch nicht das Ziel des Übens, sondern sie sind eine geschenkte Folge der Übung.
  Die Phasen enthalten in ihrer Reihenfolge keine Qualitätsbeschreibung, allerdings bewegen wir uns meist von einer Phase zur anderen. Ich erlebe dies nicht in einer Stufenfolge, sondern als eine Kreis-, besser als eine Spiralbewegung, in der ich mich immer wieder in die ersten vier Phasen hineinfinde. Ja, eigentlich finden die ersten vier Phasen in jedem Sitzen statt. Sie stellen sowohl die Beschreibung jedes einzelnen Sitzens als auch die Beschreibung des ganzen Übungsweges dar. Im einzelnen Teil, in jedem Fragment ist das Ganze enthalten und umgekehrt:

- *Ich verbeuge mich und begebe mich in die Stille.*
- *Ich sammle mich in der Stille.*
- *Ich verweile über einen (immer länger werdenden) Zeitraum in der Stille.*
- *Ich bin gesammelt für die Begegnung mit Gott.*

Die Verweildauer in den einzelnen Phasen ist sehr unterschiedlich. Manchmal brauche ich die ganze Zeit des Sitzens, um mich zu sammeln. Manchmal sitze ich von Anbeginn gesammelt und intensiv. Oft spüre ich, dass es an dem liegt, was ich mitbringe, was mich beschäftigt und gefangen hält. Dann brauche ich in der Stille erst einmal die Zeit, um all mein Beschäftigungsmaterial loszulassen oder auch zu akzeptieren. Manchmal hilft mir dann das Wissen um diese Phasen. Ich sammle mich nun sehr bewusst und begebe mich mit ganzem Herzen, mit aller Kraft, mit allem Willen in die Stille.

Chancen und Schwierigkeiten
Die Balance zwischen dem Willen und dem Loslassen

Es gibt Menschen, die aus ihrem Willen heraus still und intensiv sitzen können. Der Wille bestimmt die Übung. Diese Menschen erreichen manche Fertigkeit. Andere Menschen setzen sich hin und warten, dass etwas geschieht. Sie sammeln sich nicht, sie dösen und träumen und halten dies für Meditation. Noch andere lassen alles los und sitzen schlaff, sie warten, dass die Spannung von selbst kommt.

Wir benötigen im Sitzen das Loslassen *und* den Willen, das offene Sich-Setzen *und* eine Erwartung, die nicht konkret fixiert ist.

Der Wille hilft zur Disziplin und Regelmäßigkeit. Wenn us aber allein der Wille bestimmt, möchten wir zu schnell zu viel und können kaum warten. Manchmal führt das große Wollen zu inneren Kämpfen und Selbstvorwürfen. Wir werden unzufrieden und wir haben den Eindruck, nichts zu können ...

Das Loslassen führt manchmal zu einer Unterspannung. Viele verlieren dann die Aufmerksamkeit und die Grundspannung, die wir zum Sitzen brauchen. Manchmal erleben sie das Sitzen in der Unterspannung als sehr lang oder sie dösen weg. Die Offenheit lässt sich weder durch Willen noch durch Loslassen gewinnen. Sie kommt, wenn ich im Heute ganz anwesend bin. Das Geheimnis der Offenheit besteht darin, nichts zu erwarten und für den Weg offen zu sein.

Ein Beispiel:
Wenn Sie um eine unbekannte Kurve gehen, wie stellen Sie sich den weiteren Weg vor? Haben Sie schon ein Bild des weiteren Weges vor sich? Wie gehen Sie mit der Erfahrung um, dass der Weg ganz anders ist?

Offenheit hat kein Bild von dem nächsten Abschnitt nach der Kurve, sondern sie kann den neuen Weg vorurteilslos betrachten und beschreiten.

Offenheit ist aber nicht erwartungsfrei, vielmehr hat sie grundsätzliche Erwartungen an den Weg, und ihre Nahrung ist die Hoffnung. Sie stört sich nicht an der jeweiligen Beschaffenheit, erkennt aber klar und deutlich, ob es noch der Weg ist oder nicht.

Im Üben stellt sich die Balance zwischen Willen und Loslassen durch Gelassenheit ein. Sie können diese Balance nicht künstlich herstellen, sie ist eine Frucht der Übung und der Geduld.

Schöpferische Idee
Kalligraphie – Das Wort vertiefen

Kalligraphie ist eine besondere Form des Ausdrucks innerer Prozesse. Oft vertieft sich der eigene Weg durch die Übung der Kalligraphie. Sie können in der Kalligraphie Worte oder Bilder »malen«. Manche sagen auch, es werden Worte und Bilder in der Kalligraphie »geschrieben«.

Für diese Übung brauchen Sie schwarze Tusche, einen guten Fein-Haar-Pinsel (Stärke 10–12), eine kleine Schale (flacher Eierbecher) und viel einfarbiges Papier. Benutzen Sie diesen Pinsel nur für das Tuscheschreiben.

Setzen Sie sich am besten auf einen Hocker an einen Tisch. Halten Sie den Pinsel aufrecht zwischen dem Daumen und den beiden nächsten Fingern, er steht parallel zur Wirbelsäule und regt Sie an, aufrecht zu sitzen. Bewegen Sie probeweise den ganzen Arm mit dem Pinsel. Sie schreiben mit dem Arm und nicht aus dem Handgelenk. Gestalten Sie nun Ihr persönliches Wort aus dem Herzensgebet. Wenn ich Wort sage, meine ich immer auch alle Wörter, die zu Ihrem Herzensgebet gehören. Schreiben Sie es immer wieder. Lassen Sie die Entwicklungen zu und sprechen Sie Ihr Wort innerlich. Das Wort nimmt Gestalt an – es sucht seine Form. Diese Übung ist Meditation. Benutzen Sie schließlich jeweils ein Blatt für Ihr Wort.

Beenden Sie die Übung mit einer Verbeugung und heben Sie das wichtigste Bild auf. Sie können es auch an die Wand hängen.

8. Brief

Die Früchte des Herzensgebetes

Zur Einstimmung

Wenn du gewinnen willst, musst du gegenwärtig sein ...
AUS EINEM CASINO IN LAS VEGAS

Es ist eine Tatsache, dass wir alle eigentlich wissen – auch wenn wir es nicht zugeben –, dass wir hier auf der Erde nicht zu Hause sind, nicht ganz zu Hause sind. Dass wir also noch anderswo hingehören und von woanders herkommen. Viele Menschen fühlen sich nicht zu Hause auf dieser Welt. Sie fühlen sich weder erkannt noch verstanden. Der Wunsch, die Sehnsucht, erkannt zu werden, führt in eine andere Welt.

HEINRICH BÖLL
AUS: K.J. KUSCHEL: WEIL WIR UNS AUF DIESER ERDE NICHT GANZ ZU HAUSE FÜHLEN
© PIPER VERLAG GMBH, MÜNCHEN 1985

Die Früchte des Herzensgebetes

In einem der vorhergehenden Briefe habe ich gefragt: Wie sieht der Weg der Meditation aus?

Heute möchte ich fragen: Was »ernte« ich, wenn ich diesen Weg gehe? Ich könnte auch fragen: Was übe ich ein und was gewinne ich durch diese Übung? Es ist schwierig, überhaupt ein angemessenes Wort zu finden, das diese Einheit von Übung und Ernte beschreibt. Aber aus unseren Erfahrungen wissen wir: Was wir üben, vertieft sich, bis es von selbst dazugehört, bis wir es in unser Leben hineingenommen haben.

Ein Beispiel ist das Üben des Autofahrens. Am Anfang fällt es vielen Menschen schwer, die unterschiedlichen Dinge zu koordinieren, schließlich wird aus den vielen einzelnen Handlungsteilen ein Ganzes: Im günstigen Falle fahren wir mit allen Sinnen Auto. Wenn wir die Übung beherrschen und vertiefen, gewinnt das Fahren eine intensivere und verantwortungsvollere Qualität.

Dieses Beispiel verdeutlicht den Wert der Übung und deutet an, dass alle Übung Früchte trägt. Die Früchte wachsen und bilden die Tugenden und zeigen auch nach außen den Wert der Übung; die Übung fördert uns.

Die erste Frucht – Erkennen der eigenen Person

Je mehr ich übe, desto mehr schaue ich mich wie in einem Spiegel. Paulus beschreibt dies im Korintherbrief: »Anfangs sehen wir uns in einem unklaren Bild, wie in einem trüben Spiegel.« Je länger wir sitzen, desto klarer wird unser eigenes Bild, wir erkennen uns und lernen uns anzuschauen. Aus dem Anschauen und dem Wahrnehmen erwächst, dass wir uns mit unseren fröhlichen Seiten, mit unseren dunklen Aspekten, mit dem Gelungenen, mit dem Ärgerlichen, mit den unzufriedenen Seiten, ja, dass wir uns als Menschen selbst erkennen und annehmen. Sich selbst erkennen heißt nicht, sich selbst bespiegeln, sich bauchpinseln und bewundern, sondern wir gehen in uns, schauen in uns hinein. Manchmal ist dies wohltuend, weil wir Neues, Ungeahntes entdecken und erhalten, manchmal ist dies sehr schmerzhaft, weil wir uns nichts mehr vormachen (brauchen). Diese Selbsterkenntnis führt zur Versöhnung: Ich spüre, dass ich lieben kann und geliebt werde.

Die zweite Frucht – Achtsamkeit und Aufmerksamkeit

Aufmerksam sein heißt, eine Sache ganz tun. »Ich bin« ist die tiefste Beschreibung der Aufmerksamkeit. Ich bin so aufmerksam, dass ich esse, wenn ich esse, dass ich sitze, wenn ich sitze, dass ich (Musik) höre, wenn ich höre, dass ich liebe, wenn ich liebe … Das ist keine Selbstverständlichkeit im Leben, nur eines zu tun und dies mit ganzem Herzen. Dies gilt für alle Dinge des Alltags. Wir merken im Sitzen, wie leicht wir abschweifen. Im Alltäglichen: Wir träumen, wir denken und dösen, wir planen und bereiten vor, wir tun oft genug mehrere Dinge gleichzeitig. Deshalb üben wir, bei unserem Wort zu bleiben, wir begeben uns in eine Schule der Aufmerksamkeit. Mit der Zeit tun wir nur noch achtsam eines und sind nur noch bei und in dem, was wir tun.

Die dritte Frucht – Nüchternheit

Wir spüren oft im Sitzen, dass es in uns rumort. Da tauchen Gefühle, zum Beispiel Wut und Ärger, Trauer und Liebe, Sehnsüchte und Verletzungen auf. Ohne Zweifel sind diese Gefühle wesentlich und dürfen nicht verdrängt werden. Gut ist, diese Gefühle anzuschauen, sie vielleicht aufzuschreiben oder ein Bild dazu zu malen, also ihnen Gestalt zu geben. Darüber hinaus sollten wir die Gefühle wieder loslassen, sonst halten sie uns fest. Da hilft uns die Übung der Nüchternheit. Nüchternheit ist nicht eine gefühllose oder gar eine versachlichte Betrachtungsweise, sondern die Übung, sich nicht gefangen nehmen zu lassen von Gefühlen, Fantasien und Schwelgereien.

Es gibt keine fantastischen Erfahrungen, die nicht Illusionen, d.h. Einbildungen sind. Eine alte Regel lautet: »Selbst wenn ein Engel vorbeizieht, lass ihn vorbeiziehen.« Hafte nicht an dem Vorbeiziehenden, sondern gehe immer tiefer in die Stille. Dazu verhilft die Nüchternheit. Nüchternheit lässt uns die unterschiedlichen Ebenen der Wirklichkeit wahrnehmen und auch ungewohnte und ungeahnte Wirklichkeiten, zum Beispiel den vorbeiziehenden Engel erkennen. Nüchternheit schenkt uns in der Meditation auch die Möglichkeit, nicht irgendetwas für das Wichtigste und Tiefste zu halten, das nur Beiwerk ist. Nüchternheit schafft Klarheit und ist Klarheit. Im Alltag unterstützt uns diese Nüchternheit ebenfalls, sie bewahrt vor Fallgruben und Illusionen, vor allem löst sie uns von Idealisierungen und Schwärmerei.

Die vierte Frucht – Gelassenheit

Während die Nüchternheit uns ermutigt, zum Beispiel unsere Gefühle anzuschauen und ihre wirkliche Bedeutung wahrzunehmen, schenkt uns die Gelassenheit den angemessenen Umgang mit Gefühlen – im Handeln, im Planen und in vielen anderen Lebenssituationen. Die Gelassenheit wird von zwei Einstellungen gespeist. Zum einen fragt sie: Ist die Absicht, das Ereignis oder die Erfahrung wirklich so wichtig, dass sie mich jetzt beschäftigen muss? Sie fragt darüber hinaus: Was ist wirklich *jetzt* zu tun? So bewahrt sie vor Überschätzung und vor Hast.

Zum anderen weiß die Gelassenheit: Alles auf der Erde hat seine Zeit. Sie fördert und lehrt uns das Warten auf den richtigen Augenblick.

Die fünfte Frucht – Barmherzigkeit

Die Barmherzigkeit schenkt uns die Fähigkeit, mit aller Schöpfung zu leiden und zu lieben. Mit der Aufmerksamkeit nehmen wir das Leid und das Wohlsein auf, mit der Nüchternheit sehen wir unsere Möglichkeiten und Chancen, mit der Gelassenheit tun wir das uns Mögliche und in der Barmherzigkeit sind wir ein Teil des Ganzen und lassen die Erfahrungen und Zustände des anderen Lebens an uns herankommen und nehmen sie in uns hinein.

Ja, wir nehmen sie in unser sich immer wiederholendes Wort auf. Die Barmherzigkeit führt die Meditation über uns hinaus. Auf der einen Achse verbindet sie uns mit Gott, auf der anderen Achse verbindet sie uns im Schweigen und im Handeln mit allen Lebewesen. Barmherzigkeit führt so zum Handeln, zur Veränderung und Gestaltung der eigenen Mitwelt.

Barmherzigkeit ist Mitgefühl, das aus dem Herzen kommt und alles andere Leben im Herzen aufnimmt. Die Nüchternheit sorgt dabei dafür, dass wir nicht zum hilflosen Helfer oder zum verzweifelten Macher werden.

Sicherlich ließen sich die Früchte des Herzensgebetes noch erweitern: Sanftmut und Demut (im Gegensatz zum Macht- bzw. Herrschermut) und rechtes, mir angemessenes Maß, also Bescheidenheit.

Diese Früchte wollen zum Wachsen angeregt werden. Sie werden aus Erfahrung geerntet und sind Aufgabe zugleich. Sie lassen sich nicht machen und dürfen doch gepflegt werden. Es ist so wie mit einem Pflänzchen: Wird es nicht gepflegt, verdorrt es, wird erstickt oder verbraucht sehr viel Kraft. Wird zu viel daran gezogen, reißt man es mit den Wurzeln heraus. Üben ist der Weg zwischen Pflege und selbstständigem Wachsen.

»Über alles aber zieht die Liebe, die da ist, das Band der Vollkommenheit«, schreibt Paulus. Alle diese Früchte brauchen die Liebe, sie allein ermöglicht einen gütigen und sinnvollen Weg. Sie verbindet diese Aspekte zu einem Ganzen: zum Weg des geistlichen Lebens. (Lesen Sie dazu auch den Text auf Seite 7.)

Chancen und Schwierigkeiten
Der Wert und die Grenzen der inneren und äußeren Ordnung und die Bedeutung von Ritualen

Für die Kontemplation ist ein Maß an Ordnungsstrukturen und ein Rhythmus hilfreich. In einem früheren Brief habe ich über die regelmäßigen Zeiten geschrieben (vgl. S. 38 ff). Hier nun will ich mich zur inneren Struktur des Menschen äußern.

Wer zu einer festen Zeit – sei es täglich oder wöchentlich – im Schweigen sitzt, spart Energie und Kraft, die notwendig ist, um immer wieder einen neuen Anlauf zu nehmen. Es ergibt sich ein Rhythmus; es wächst ein eigenes Ritual heran: Dazu gehören das Herrichten des Platzes, eventuell das Anzünden einer Kerze, das Lesen eines Textes, das Verbeugen, der Anfang und das Ende. Rituale sind keine Pflichtübung, sondern eine Einladung und Hilfe, um Energie zu sparen und Vertrautem zu begegnen.

Anschlagen am Anfang und Ende

Der Anfang und das Ende der Meditationsübung kann mit dem Anschlagen einer Klangschale ein- bzw. ausgeläutet werden. Anschlagen dient der inneren Vorbereitung und schafft Gewohnheit: Beim Klang der Schale bin ich eingestimmt oder das »Sitzen« ist beendet.

Ich bevorzuge folgenden Rhythmus des Anschlagens (darüber hinaus gibt es aber viele andere Möglichkeiten, die ebenso sinnvoll sind):

- *Zu Beginn:*
  1 × anschlagen – Achtung, Aufmerksamkeit sammeln und Verbeugen im Sitzen – Ich warte, bis alle ihren Sitz gefunden haben.
  3 × anschlagen – die Stille tritt ein.
- *Zum Abschluss:*
  1 × anschlagen zwischen zwei Meditationsübungen oder
  3 × anschlagen am Ende des Meditationszyklus.

Das Fortsetzen der Meditation im Gehen

Zwischen zwei Meditationsübungen wird die Meditation nicht unterbrochen (deshalb wird auch nur einmal angeschlagen), sondern sie wird im Gehen fortgesetzt. Das Gehen erfolgt aufmerksam, aber nicht in einer besonderen Technik. Das Gehen ist meist langsam, kann aber im Tempo variieren. Die Achtsamkeit bleibt erhalten. Die Hände liegen aufeinander ungefähr in Herzens- bzw. Brusthöhe vor dem Brustbein.

Mit einem Klatschen endet das Gehen in der Meditation und die Übenden gehen zügig in der Gehrichtung weiter zu ihrem Platz.

Das Verbeugen

Das Verbeugen geschieht aus vielen Gründen. Es dient dem gegenseitigen Respekt: Ich verbeuge mich zum / vor dem Urgrund des Lebens bzw. zu / vor den Mitübenden. Ebenso tut es der Wirbelsäule gut, sich verbeugen zu können. Verbeugen sammelt den Übenden und erinnert an Bescheidenheit. Die Aufzählung ließe sich fortsetzen. Aber einsichtig wird alles Verbeugen und Gongen und Gehen nicht durch Anordnung, sondern nur durch Ausprobieren.

Zwingen Sie sich zu nichts. Schauen Sie, auf was Sie sich einlassen können und beteiligen Sie sich an dem, was Sie fördert.

Mit fortwährender Übung wird der Ablauf selbstverständlich. Ich merke bei Einführungen, wie das mir Gewohnte und Vertraute für andere fremd sein kann. Ein Ritual, ein Ablauf gilt nun einmal (zuerst) für den Menschen, der ihn gestaltet bzw. aufgenommen und geübt hat.

Für jeden von uns ist wesentlich, das persönliche Maß von Rhythmus und innerer und äußerer Ordnung zu finden. Wer mit Konsequenz übt und keine Probleme hat, regelmäßig zu üben, sollte darauf achten, dass er / sie liebevoll und gelassen sitzt. Die äußere Strenge sollte nicht innerlich zur Verhärtung führen oder eine bereits vorhandene Verhärtung verstärken. So hilfreich die eigene Ordnungsstruktur ist, so hat sie doch ihre Grenzen. Sie verhindert bei zu großer Strenge leicht Gelassenheit, Freundlichkeit und Durchlässigkeit.

Andere gehen sehr willkürlich mit ihrer Übung um. Sie sitzen, wenn sie Lust haben. Falls sie dann, zum Beispiel von mir, auf dieses Prinzip angesprochen werden, verteidigen sie es heftig. Wahrscheinlich haben einige für ihre Freiheit sehr gekämpft und haben Sorge, sie zu verlieren. Andere befürchten vielleicht, festgelegt zu werden oder einem fremden Ritual folgen zu müssen.

Diese scheinbare Lockerheit kostet Kraft. Innerlich kämpfen diese Menschen oft darum, zu einem eigenen Rhythmus zu finden, ohne das Gefühl zu haben, sich zu versklaven. Rituale, Ordnungsstrukturen und ein fester Rhythmus sind ihnen vielleicht aus Kindheitstagen oder aus anderen alten Mustern bekannt, verhasst oder zumindest fragwürdig.

Es gilt nun zu erkennen, dass wir nicht alle gleich sind. Für eine Gruppe von Menschen sind äußere Strukturen und ein Rhythmus – und damit Regelmäßigkeit – ein sehr hilfreiches Geländer und eine Wegmarkierung für die eigene Entwicklung. Andere gehen so streng mit sich um, dass es heilsam sein wird, lockerzulassen. Es kommt für sie darauf an, Strenge, Härte, Verzicht, Willen und Anstrengung zu einem Maß werden zu lassen, das von Liebe geprägt ist.

Zwischen den beiden Grundeinstellungen existieren viele Variationen und Haltungen. Bitte schauen Sie selbst, wo Sie sich wiederfinden und entdecken Sie Ihr Maß. Sie werden aber in jedem Fall feststellen, dass äußere und innere Ordnung, äußerer und innerer Frieden in einer Wechselbeziehung stehen und das eine das andere mitträgt.

Schöpferische Idee
Eine Kerze mit Wegsymbolen gestalten

Kaufen Sie sich eine einfarbige größere (weiße) Wachskerze und Verzierungswachs; am besten sind dünne Wachsplatten geeignet. Es gibt sie in Bastel- und Kunstbedarfsgeschäften.

Halten Sie nun inne und tragen Sie zusammen, welche Bilder, Worte, Zeichen und Symbole Ihnen während der Zeit der Übung wichtig geworden sind.

Gestalten Sie mit diesen persönlichen Anregungen Ihre Kerze. Arbeiten Sie aus der Stille und lassen Sie die Bilder entstehen. Die Motive werden aus dünnen Wachsplatten mit der Schere oder einem Messer ausgeschnitten und auf die Kerze aufgelegt und festgedrückt.

Diese Kerze kann in Ihrer Sitzecke oder auf einem Tisch brennen oder ein Geschenk werden. Die Kerze muss nicht in einer Woche fertig werden. Vielleicht wird sie wie ein Tagebuch langsam durch Bilder und Worte ergänzt.

Mitten in meinem Klagen

T: Rüdiger Maschwitz / M: Rüdiger Gerstein

9. Brief

Über die Wahrnehmung

Zur Einstimmung

Die Abwesenden

Einmal ging der Berditschewer im Bethaus nach dem Gebet der Achtzehn Segenssprüche auf ein paar Leute zu und begrüßte sie mit wiederholtem »Friede sei mit euch«, als wären sie in diesem Augenblick von einer Reise gekehrt. Als sie ihn befremdet anstarrten, sagte er: »Was wundert ihr euch? Ihr wart doch eben in der Ferne, du auf einem Markt und du auf einem Kornschiff, und als das Sprechen des Gebetes aufhörte, seid ihr zurückgekommen; so habe ich euch begrüßt.«

Martin Buber, Die Erzählungen der Chassidim
© Manesse Verlag, Zürich 1949, S. 394

Jeder Beobachter verändert den Versuch, er verändert Raum und Zeit. Das Beobachten reicht, um die Bedingungen zu verändern.

Eine der Grundlagen der Quantenphysik

Über die Wahrnehmung
Die Grundübung der Meditation

Sobald Sie sich ins Schweigen begeben, vertieft sich Ihre Wahrnehmung. Sie kommen bei sich an, Sie kommen zu sich. Sie nehmen sich wahr. Vielleicht schmerzen beim Meditieren die Knie und der Rücken, vielleicht staunen Sie über die Flut der Gedanken, Bilder und Gefühle. Bei allem Erstaunen – mit dieser Wahrnehmung spüren Sie, wie lebendig Sie sind.

Gründliche Wahrnehmung verdeutlicht dem Menschen, was ihm selbst wirklich wichtig ist oder werden könnte.

Anfangs ist es notwendig, die eigene Wahrnehmung nur auszuhalten.

Ein Beispiel:
Ein Mensch kann Armut nicht aushalten, er schaut weg oder die Armut löst in ihm Aktivität aus. Er beginnt sofort zu reagieren und wirft zum Beispiel Geld in eine hingehaltene Mütze. Die Armut erst einmal wahrzunehmen, auszuhalten und sich ihr zu stellen, ist aber der wesentliche Schritt. Erst in der Wahrnehmung, die die Situation aushält und in der Sie sich der Situation stellen, liegt die Chance der Veränderung.

Wie geschieht nun Wahrnehmen, Verarbeiten und Verändern?

Es ereignet sich in vier Stufen, die kaum vertraut oder bekannt sind:

1. Stets neue Einübung von Wahrnehmung und Achtsamkeit
2. Emotionales Erleben des Wahrgenommenen / Anteilnahme an dem Wahrgenommenen
3. Durcharbeitung / Aushalten / Bedenken des Wahrgenommenen
4. Sich ergebende Veränderung / Handlung aus dem Wahrgenommenen

Den zweiten und dritten Aspekt nimmt vorrangig der nächste Brief auf, der vierte Aspekt begleitet uns durchgehend und hat seinen Schwerpunkt in den Briefen 11 und 14.

In diesem Brief bleiben wir beim ersten Schritt: beim *Wahrnehmen* und seinen Folgen.

Gelassene (bitte wörtlich nehmen) Wahrnehmung öffnet den Menschen und verhindert die eigene innere Abwehr von Erlebtem und Erfahrenem. Sie können sich auf sich selbst einlassen: Sie sehen, Sie fühlen, Sie schmecken, Sie hören und tasten sich heran, Sie sind sinnlich mit Ihrer Wahrnehmung verbunden.

Urteilen, bewerten oder richten Sie nicht, während Sie wahrnehmen, weder sich noch andere. Sie sind dann in der Übung einer vorurteilsfreien Wahrnehmung. In dieser Wahrnehmung entdecken Sie auch Ihre eigenen Prägungen und Ihre Lebensgeschichte. Sie bringen Vor-Eindrücke mit. In der fortwährenden Übung der Wahrnehmung lassen Sie diese Vor-Eindrücke immer weiter los und werden offen für sich, für den anderen Menschen oder den Teil der Schöpfung, den Sie in diesem Moment betrachten. Anstrengend ist, sich auf die eigenen Wertungen und Urteile und die von anderen Menschen immer wieder neu und offen einzulassen. Aber es lohnt sich.

Wenn Sie zum Beispiel bei einem Seminar ins Schweigen gehen, entscheiden Sie sich bitte bewusst für eine konzentrierte und doch offene Wahrnehmung:

- Wer beim Essen nicht redet, hat mehr Chancen, das Essen zu schmecken. (Wir tun oft zu vieles gleichzeitig und die Wahrnehmung kann diesem nur noch verallgemeinernd folgen.)
- Wer sitzt und nur sitzt, kann sich im Sitzen wahrnehmen. Wer weiter und weiter sitzt und »irgendwann« in der Übung auch die Eigenwahrnehmung sein lassen kann, wird dem Urgrund des Lebens, weil dieser immer da ist, intensiver begegnen.

Wahrnehmung beginnt in Ihnen und hat mit Ihrer Einstellung zu tun, ob Sie sich wahrnehmen wollen und wahrnehmen dürfen. Sie entdecken, wie schon des Öfteren gesagt und geschrieben, sich selbst. Sie verstecken sich nicht mehr. Sie kommen ans Licht und sehen den Schatten (Ihre Dunkelheiten) durch das, was von Ihnen ans Licht kommt.

Sie erfahren vielleicht: Ich werde wahr. Ich werde Mensch, ich werde wahrhaftig mit mir selbst und kann deshalb auch andere Menschen liebevoller wahrnehmen. Je mehr ich zu der Wahrheit stehe, die ich bin, desto weniger muss und werde ich meine Schwächen auf andere übertragen. Ich werde echt, authentisch.

Vielleicht erschließt sich so das Wort Jesu: »Ich bin der Weg, die Wahrheit und das Leben, wer zu mir kommt, wird leben, auch wenn er stirbt.«

Beziehen Sie dieses Sterben nicht auf den Tod am Ende des Lebens. Nun wird deutlich: Der Mensch wird leben, dessen unwahre und unwahrhaftigen Seiten sterben dürfen. So geschieht aus der kleinsten Wahrnehmung ein Wandlungs- und Veränderungsprozess. Mit dieser wachen, nicht wertenden Wahrnehmung beginnt Meditation und durchzieht sie jedes Mal neu.

Auch in der Eutonie üben Sie diese Wahrnehmung. Leibarbeit ist Wahrnehmungsarbeit und Annahme der eigenen Person. Indem Sie Kontakt zu sich selbst finden, lassen Sie immer mehr von der Person zu, die Sie sind.

Wie und wo können Sie Wahrnehmung üben?

Wahrnehmung geschieht im Alltag und in konkreten Übungen durch Achtsamkeit.

Achtsamkeit ist der Schlüssel zur Wahrnehmung, mit der Achtsamkeit wandelt sich vieles. Üben Sie, achtsam und gleichzeitig gelassen zu leben.

- Beginnen Sie draußen in der Natur. Wandeln Sie durch die Natur und nehmen Sie die Schöpfung bewusst wahr. Freuen Sie sich an der Schönheit, leiden Sie an der Zerstörung, lauschen Sie den Geräuschen, den Erzählungen des Windes, beachten Sie die Tiere … Dies hat nichts mit Romantik zu tun, sondern mit Vertrautsein und Vertrautwerden mit der Schöpfung. Schöpfung bewahren können wir nur, wenn wir sie wahrnehmen und lieben. Auch in den Städten gibt es genügend Gärten, Parks, schöne Friedhöfe …
- Nehmen Sie sich selbst im Alltag immer wieder liebevoll wahr. Schauen Sie sich selbst an, seien Sie echt, nehmen Sie sich an. Es fängt beim Aufstehen an und endet nicht mit dem Einschlafen. Achten Sie auch auf Ihre Träume. Nochmals – auch wenn es schwer ist: Machen Sie sich nichts vor und werten Sie sich nicht ab.
- Üben Sie die Wahrnehmung im Herzensgebet. Merken Sie auf, wenn die Gedanken einziehen und tanzen. Nehmen Sie die Gedanken wahr, verdrängen Sie sie nicht, sondern geben Sie diese immer wieder frei. An das Wesentliche erinnern Sie sich. Gedanken und Emotionen, die wiederkehren, bedürfen der besonderen Achtsamkeit und der Klärung. Üben Sie mit Ihrer Wahrnehmung im Wort zu bleiben. Im immer währenden Gebet öffnet sich die Wahrnehmung Gottes in Zeit und Geduld. Gott ist da, wir öffnen uns.

- Eine weitere Dimension der Wahrnehmung erschließt das Wort Sympathie. Es kommt aus dem Griechischen und bedeutet sowohl »mitleiden« als auch sich »mitfreuen«. Letztlich drückt Sympathie umfassende Teilhabe an dem anderen Geschöpf aus. Überlegen Sie einmal, was Sie wahrnehmen, ausdrücken und schenken, wenn Sie in einer Trauersituation oder in einer freudigen Situation »Sympathie« mitteilen. Nehmen Sie die Worte, die Sie umgeben, auf. Suchen und finden Sie Worte für Ihre Eindrücke. In der Begegnung mit anderen Menschen liegt die Chance einer »hörenden Achtsamkeit«, die uns oft im Schweigen intensiv verbindet. Wahrnehmung macht uns Menschen auch sensibel und verletzlich. Sie müssen sich deshalb nicht »verschließen«, sondern Sie können im Sinne von Sympathie am Auf und Ab des ganzen Lebens teilnehmen und Anteil nehmen.

Aber seien Sie mit sich selbst auch behutsam. Die Wahrnehmung hilft uns so, den Wert jedes Lebens zu ermessen und führt den Menschen zur Ehrfurcht vor allem Leben. Mit jedem aufmerksamen Menschen verändert sich das Antlitz der Erde. Mit der Achtsamkeit im Alltag geschieht so eine Einübung in alltägliche Veränderungen.

Zum Abschluss möchte ich noch eine Verbindung zur Quantenphysik herstellen. Die Quantenphysik hat festgestellt, dass der Beobachter (eines Versuches oder eines Ereignisses) die Situation verändert, eine Tatsache, die grundsätzlich nicht auszuschalten oder zu verändern ist. Dies bedeutet praktisch auf den Alltag bezogen, dass sich die Ereignisse – also die Geschehnisse im Leben – schon verändern, wenn sie beobachtet werden. Durch die Wahrnehmung geschieht also die erste Veränderung. Deshalb brauchen Sie keine »Vorsätze« zu dem, was Sie in Zukunft wollen. In der Wahrnehmung beginnt Ihr Wandlungsprozess.
    Diese Entdeckung aus der Quantenphysik kann ich aus der Begegnung mit Menschen nur bestätigen und ich finde sie sehr ermutigend.

Chancen und Schwierigkeiten
Der immer neue Anfang

Nicht nur bei dem Thema Wahrnehmung wird deutlich, dass wir in jedem Meditieren, in jeder Körperarbeit neu beginnen. Neu beginnen heißt eben nicht, das Gestrige zu wiederholen. Zum Beispiel können Sie nicht heute genauso wie gestern meditieren. Sie können nichts wieder-holen.

Kontemplation / Meditation ist ein immer neuer Anfang, Sie begegnen sich in jedem Augenblick neu. Das Wissen um den immer neuen Anfang bedeutet eine heilende und helfende Grundeinstellung. Es heilt den Menschen, wenn er erfährt, dass er eine Chance für einen neuen Anfang hat, sobald er diesen ernsthaft wagt. Dies ist die Grundlage des christlichen Glaubens.

Es spricht nicht für die Erfahrungen in unserem Alltag, dass beruflich und beziehungsmäßig oft kein neuer Anfang gefragt ist, gewagt oder ermöglicht wird. Wir leben nicht heilsam. Das liegt nicht nur an äußeren Bedingungen, sondern auch an unserer inneren Grundeinstellung. Wir trauen uns selten zu, prozessorientiert zu leben. Es scheint schwierig zu sein, das Leben als einen *Weg* zu gehen. Viele möchten Vorhandenes lieber bewahren und konservieren: eine verständliche menschliche Grundhaltung. Doch nicht nur die Liebe braucht neben Bewahrung und Vertrautem Erneuerung und kreative Fantasie.

Die Möglichkeit eines immer währenden Anfangs kann sehr entlasten. Sie wissen: Nichts ist vollkommen, auch Sie selbst nicht. Üben Sie, dies als wahr anzunehmen. So können Sie jedes Mal neu das tun, was Ihnen jetzt möglich ist und was gut ist. Dies ist kein weiterer Stressfaktor, sondern die Chance, im Augenblick das einzubringen, was Ihre eigene Stärke ist.

Anfangs gehen viele Menschen mit einer besonderen Grundeinstellung in die Meditation. Sie erwarten etwas, sie sind sehr aufmerksam und gesammelt. Die ersten Erfahrungen werden meist als sehr dicht erlebt, die Menschen lassen sich spontan und ohne viel zu bedenken auf einen neuen Prozess ein. Diesen »Anfängergeist« gilt es zu bewahren. Sitzen Sie jedes Mal so, als wäre es der Anfang. Gewohnheit, Trägheit und Benommenheit verdrängen die Aufmerksamkeit und die Achtsamkeit. Bleiben Sie neugierig, aber verrennen Sie sich nicht in Erwartungen.

Das Wissen und die Übung des immer neuen Anfangs führen zu Bescheidenheit und nehmen die Erwartung zurück, dass etwas »herauskommen« soll. Es gilt bescheiden zu werden und sich daran zu erinnern: In jeder Meditation beginnen alle neu, der Anfänger und der Geübte. Der immer währende Anfang eint uns alle. Niemand ist besser, niemand ist weiter – alle beginnen mit und aus demselben Geist.

Literaturhinweis

Shunryu Suzuki, Zen-Geist – Anfänger-Geist, Theseus-Verlag, Berlin, 10. Aufl. 2001

Schöpferische Idee
Der Wahrnehmungsspaziergang

Gehen Sie spazieren und nehmen Sie die Natur wahr. Schulen Sie Ihre Achtsamkeit. Halten Sie oft inne. Sobald ein lauteres Geräusch ertönt, nehmen Sie es als ein Signal, als eine Einladung zur Achtsamkeit. Bleiben Sie stehen und nehmen Sie die Mitwelt mit allen Sinnen in sich auf. Vielleicht wollen Sie dabei die Welt wie mit einem Fotoapparat wahrnehmen, seien Sie auch dabei achtsam. Gehen Sie mit großer Aufmerksamkeit durch die Welt. Nehmen Sie die Bilder in sich auf.

Anschließend können Sie ein Bild malen und skizzieren oder einen Text, ein Gedicht schreiben oder gar nichts weiter tun, als aufmerksam zu bleiben. Hören, sehen, riechen und fühlen Sie.

Eine weitere Übung: Die Geh-Meditation

Es gibt eine besondere und sehr einfache Form der Meditation im Gehen. Diese Übung fördert die Achtsamkeit. Gehen Sie in die Natur und richten Sie sich auf eine Strecke von 50 bis 100 m ein. Sie brauchen allerdings 20 bis 30 Minuten Zeit für diese Übung.

- Sie gehen nun sehr, sehr langsam und verweilen dabei in Ihrem Wort. Aus dieser Haltung heraus nehmen Sie die Natur wahr. Auch ein Garten ist geeignet; in einem kleinen Garten gehen Sie im Kreis.

- Hin und wieder halten Sie inne und schauen sich mit erhöhter Aufmerksamkeit um. Sie verweilen weiterhin im inneren Gebet. Dann gehen Sie weiter.
- Schließen Sie eventuell mit einer Verbeugung.

Vielleicht ahnen Sie nach dieser Übung, was das Wort »Wachet und betet« wirklich meint: »Seid achtsam und bleibt im Gebet.«

Eine wichtige Anmerkung: Dieses Gehen unterscheidet sich deutlich vom Gehen zwischen zwei Meditationseinheiten. Dort wird zwar langsam, aber doch schneller als bei dieser Übung gegangen. Im zehnten Brief finden Sie dazu etwas mehr Information.

10. Brief

Reinigungs- und Klärungsarbeit

Zur Einstimmung

Zwei Mönche lebten an einem Fluss. Sie hatten das Versprechen abgegeben, keine Frau zu berühren. Da kam eines Tages eine alte Frau, schwer mit Holz beladen. Sie musste über den Fluss. Der Fluss zog in diesen Tagen reißend und kalt dahin. Ratlos stand die Frau am Ufer. Da hob sie der eine Mönch auf seine kräftigen Schultern und trug sie durch den Fluss.

Bei seiner Rückkehr zeterte der andere Mönch: »Du hast eine Frau getragen, du hast dein Versprechen gebrochen.« Er konnte sich nicht genug ereifern. Der Träger lächelte und sagte: »Ich habe die Frau aufgehoben, getragen und wieder abgesetzt. Du trägst sie immer noch.«

EINE ZEN-GESCHICHTE

Reinigungs- und Klärungsarbeit

Das Wesen der Kontemplation / Meditation führt zur Wahrnehmung der Schöpfung, zur Wahrnehmung der eigenen Person und öffnet für die Wahrnehmung Gottes.

Manche Übende finden anfangs leicht Stille, anderen geht es eher so: Es drängen nicht nur Gedanken, sondern auch persönliche Erinnerungen, Empfindungen und Emotionen ins Bewusstsein. Je länger Sie im Schweigen und im Sitzen (in der Meditationshaltung) verbringen, desto mehr wird Ihnen aus Ihrer Lebensgeschichte begegnen. Vielleicht haben Sie gedacht, das wird sich im Laufe der Zeit schon legen, und sind nun enttäuscht, dass immer mehr ins Bewusstsein dringt.

Wir tragen unser ganzes Leben in uns, Licht und Schatten, Gelungenes und Misslungenes, Stärken und Schwächen, Verletzungen und Wohltuendes. Mit all dem sitzen wir im Schweigen. Je leiser und stiller wir werden, desto mehr dringt davon an die Oberfläche und wird spürbar. Nehmen Sie dies ganz wörtlich: Altes Schmerzendes wird neu erlebt.

Der kontemplative Weg verdrängt nicht die alten Erlebnisse, sondern lädt Sie ein, diese mit hinein ins Leben zu nehmen, damit Sie sie wahrnehmen. Letztlich darf und soll Heilung geschehen. Die Vertiefung, also die fortwährende Übung der Kontemplation geht einher mit der Wahrnehmung, der Erkenntnis, dem Durchleben, dem Aushalten und der Heilung alter Dunkelheiten.

Ich erkläre das noch einmal in einem Bild: In der Kontemplation setzen wir uns ins Licht (Christi); das durchleuchtet uns, und da, wo das Licht hinfällt, werden eigene Schatten sichtbar und Dunkelheiten erhellt. Je mehr Licht ich erlebe, desto mehr Schatten wird sichtbar. Dieser Schatten, diese Dunkelheit wird nun allmählich durchdrungen und durchlichtet.

Es ergibt keinen Sinn, die Lebensgeschichte auszuschließen und Vergangenes wegzuschließen. Vieles, was nicht geklärt und durchschritten ist, taucht wieder auf. Sie sollten nicht so tun, als ob Sie nicht der Mensch sind, der Sie (geworden) sind.

Auch hier hilft Ihnen ein Beispiel: Es gibt Menschen, die wünschen sich, dass für die Deutschen endlich die »alte Geschichte des Dritten Reiches« gestorben sei. Sie soll erledigt sein. Auch wenn ich selbst nicht beteiligt war, bin ich aber Deutscher und diese Geschichte gehört zu mir. Ich kann jetzt viel unternehmen, damit ich diese Geschichte los werde: die Staatsangehörigkeit wechseln;

sagen, dass ich nicht dazugehöre, dass ich anders bin und gewesen wäre, dass ich noch nicht gelebt habe, dass alles nicht stimmt ... All diesen Versuchen wäre gemeinsam: Jemand versucht der Geschichte zu entkommen, in der er verwurzelt ist.

Es gibt aber aus der Lebensgeschichte kein Entkommen, sondern nur ein Annehmen, Versöhnen und ein Bekennen: So bin ich gewesen, so bin ich geworden und so bin ich jetzt. Wer diese Schritte vollzieht, wird erfahren, dass in dem Bekenntnis zur eigenen Lebensgeschichte viel Freiheit enthalten ist. Sie brauchen sich selbst und anderen nichts (mehr) vorzumachen. Sie ertappen sich selbst nicht mehr bei Lebenslügen und Illusionen; auch können Sie von anderen nicht »erwischt« werden. Sie gewinnen viel Energie zurück, weil Sie einerseits niemandem mehr etwas vormachen müssen und weil Sie andererseits eigene Veränderungen und Wandlungsprozesse zulassen können. Sie brauchen sich nicht mehr dagegen zu stemmen. Vor allem aber: Sie können Schuldgefühle – die wir alle mehr oder weniger haben – von echter Schuld trennen.

Beides können Sie gut unterscheiden. Schuld, die Sie als Mensch erkennen und annehmen, für die Sie keine Entschuldigung mehr suchen, gibt Ihnen Kraft, Lebensmut und Perspektiven zurück. Dies gilt für die kleinen Dinge im Alltag genauso wie für elementare Schuld, die den ganzen eigenen Lebensweg – innerlich – blockiert.

Ein Beispiel:
Wer im Haushalt und Büro das eigene Chaos und Versäumnisse permanent leugnet, wird sich nicht ändern können. Er oder sie wird mit Schuldzuweisungen an andere, Be- und Verurteilungen genug zu tun haben. Die Lebensenergie wird im hohen Maße dazu gebraucht, das unechte Lebenssystem aufrechtzuerhalten. Gestehen sich dieser Mann oder diese Frau aber ein, dass sie (Mit-)Schuld haben, beginnt ein Prozess der Erneuerung und die ganze Situation verwandelt sich. Das Erkennen und Annehmen von Schuld bedeutet, Verantwortung zu übernehmen. Und mit der Übernahme dieser Verantwortung (traditionell als Reue bezeichnet) ist die Schuld erledigt. Mit ihrer Übernahme ist sie als Erkenntnis, als vergangenes Geschehen zwar noch vorhanden, aber der Mensch ist frei und verantwortlich für sein eigenes weiteres Leben.

Dagegen haben Schuldgefühle eine andere Dynamik. Es geht nicht um wirkliche Schuld, sondern um das innere Gefühl – egal ob fremdvermittelt oder selbst aufgeladen – eine »Schuld« zu haben. Meist ist der innere Eindruck entstanden, etwas nicht richtig gemacht zu haben, nicht zu genügen, den Ansprüchen nicht gerecht zu werden, nicht gut zu sein, nicht lieben zu können ...

Diese Reihe der inneren und äußeren Vorwürfe ließe sich fortsetzen. Das Schwierige an Schuldgefühlen ist, dass eigene innere Feststellungen und / oder äußere Anschuldigungen, Vorwürfe oder auch einfache Äußerungen sich ergänzen, in dieselbe Richtung zu weisen scheinen und somit Schuldgefühle auslösen und verstärken.

In dem betroffenen Menschen wächst ein Gefühl von Schuld heran. Dieses Gefühl führt zu einer Bewertung der eigenen Person. Der Mensch fühlt sich minderwertig, für alles Negative verantwortlich, unter ständigem Druck (unterdrückt) und sogar wertlos. Die Möglichkeit einer reifen eigenen Entwicklung schwindet immer mehr. Während nach der Klärung einer Schuld neue Vitalität, Lebensbejahung und Verantwortung für die Mitwelt entstehen kann, zeichnen sich Schuldgefühle dadurch aus, dass sie kaum zu klären bzw. nur schwer auszuräumen sind. Das Fatale an Schuldgefühlen ist die Tatsache, dass sie verinnerlichte, abwertende Gefühle sind, die der Mensch aber als seine eigenen »richtigen« Gefühle ernst nimmt.

Manchmal habe ich den Eindruck, es ist leichter, mit Schuld klarzukommen als mit Schuldgefühlen. Wesentlich für den Umgang mit Schuldgefühlen ist, in das konkrete Gefühl hineinzugehen und zu empfinden, was geschieht.

Auch dazu ein kleines *Beispiel:* Eine Frau hat ständig das Gefühl, gegenüber ihrer Chefin etwas falsch zu machen. Auf ihr Nachfragen beteuert die Chefin, dass sie mit ihr wirklich zufrieden sei und dass sie sich bei Unzufriedenheit direkt äußern würde. Die Frau glaubt ihr nicht, ihr Gefühl bleibt. Als ich sie frage, woher sie dieses Gefühl noch kennt, fällt ihr nichts ein. Ich lade sie ein – in einer Imagination –, in die Situation und in das Gefühl hineinzugehen. In der Imagination wandelt sich das Gesicht der Chefin und wird zum Gesicht der Mutter. Sie entdeckt, dass sie es ihrer Mutter immer recht machen wollte. Sie hatte Angst, von der Mutter nicht geliebt zu werden. Glücklicherweise war ein Gespräch mit der Mutter möglich. Die Mutter konnte dazu stehen, dass sie sehr hohe Ansprüche an ihre Kinder hatte. Aber sie erschrak bis ins Herz, als ihr klar wurde, dass ihre Tochter dies mit ihrer Liebe verbunden hatte. Beide Frauen konnten aus unterschiedlichem Grund über diese Wahrnehmung weinen, beide waren traurig über diese Prägung. Die Tochter spürte die Liebe ihrer Mutter und die Mutter bat wegen ihrer Strenge um Vergebung. Die Schuldgefühle der Tochter gegenüber der Mutter verschwanden fast spontan. Die Schuldgefühle gegenüber anderen Menschen, zum Beispiel der Chefin, wandelten sich in einem längeren Zeitraum.

An diesem Beispiel wird auch deutlich, dass hinter vordergründigen Schuldgefühlen oft noch etwas Tieferes verborgen ist: Hier ist es die Angst, nicht geliebt zu werden.

Bei einem solchen inneren Reinigungsprozess geht es niemals um Moralisieren oder um den gehobenen Zeigefinger, weder sich selbst noch anderen gegenüber. Daraus erwächst nur Verkrampfung. In der Kontemplation aber üben Sie ein, Verantwortung zu übernehmen – für sich: So wie Sie jetzt sind, für den Weg, auf dem Sie geworden sind, und für das, was Sie getan haben. Dazu bedarf es der Klärung, und daraus erwächst Ihr Heilwerden.

Wie aber geschieht Klärung und Reinigung? Schauen Sie sich den letzten Brief noch einmal an: Es beginnt mit Ihrer Wahrnehmung. Die Wahrnehmung kann noch sehr distanziert sein: Sie nehmen sich (etwas) wahr, auch wenn Sie sich nicht oder kaum spüren.

Vielleicht sagen Sie anfangs »Ich stehe neben mir«, »Ich bin weit entfernt von mir«, »Ich kann mich selbst nicht fühlen«, »Da ist etwas, aber ich spüre nichts«.

Meist steht diese Haltung und Ihr Verhalten für einen alten Schutz. Manchmal wird der Schutz nicht mehr gebraucht und er kann wie eine Mauer abgetragen werden. Manchmal ist er noch sehr notwendig; auf jeden Fall sollten Sie Geduld haben.

Wie können Sie nun mit der Wahrnehmung umgehen? Gehen Sie im Schweigen oder in einer geschützten Situation – am besten sollte Begleitung gewährleistet sein – in den alten Schmerz hinein und durchleben Sie ihn – noch einmal oder sogar das erste Mal. Stellen Sie sich dem Schmerz und lassen Sie ihn zu. Aber baden Sie nicht im Schmerz, sondern durchleiden Sie ihn. Ja, es geht nicht, ohne in das Leid hineinzugehen und es wie ein finsteres Tal zu durchschreiten.

Bitte beachten Sie aber, es ist Ihre Entscheidung und Ihre Verantwortung, ob Sie in den Schmerz, das alte Leid hineingehen und durch all das hindurchgehen. Indem das zu Ihrer eigenen Entscheidung wird, leben Sie Ihre Mündigkeit und Verantwortung.

Was hat dies alles mit dem Herzensgebet – also mit der Kontemplation – zu tun? Es geht in der Kontemplation sowohl um die Auseinandersetzung mit dem, was

Sie an Schwierigem und an Bösem erfahren haben, als auch um das, was Sie zugefügt haben. Zum Herzensgebet gehört die Tradition der »ruminatio«, des Wiederkäuens.

Erlebtes, Erlittenes, Zugefügtes wird »wiedergekäut«, steigt so lange hoch, bis es verdaut ist. Aber dann wird alles »unten gelassen«, fruchtbar verwandelt, und die Reste werden ausgeschieden. Damit wird deutlich, dass es wichtig ist, einen inneren Verdauungsprozess abzuschließen und zu beenden. Lassen Sie mich es bildhaft sagen: Sie suhlen sich nicht in Ihrem eigenen Mist, sondern Sie setzen ihn so oft um, bis er zum Humus wird und so Ihr Leben düngt und fördert. Ihnen erwächst Anteilnahme und Barmherzigkeit (ein mitfühlendes Herz) gegenüber sich selbst und anderen. Sie werden anders und gehen anders (liebevoller) mit anderen um; dies wird geschehen, ohne dass es ein »zwanghaftes« Vorhaben werden muss. Manchmal braucht die Veränderung mehr Zeit, als Sie sich gönnen mögen. Halten Sie sich dann mit Geduld und Wohlwollen aus.

Schön an diesem Weg ist, dass Sie Ihre Lebensfreude vertiefen und leben können.

Vielleicht entdecken Sie in diesem Brief, dass die Kontemplation aus zwei Aspekten besteht, aus Ihrem menschlichen Mitwirken *und* aus Gottes heilendem Wirken. Daran möchte ich im nächsten Brief anknüpfen.

Chancen und Schwierigkeiten
Wie kann ich mit Ärger und belastenden Gefühlen umgehen?

Beim Sitzen, so haben Sie sicher schon erfahren, erreicht uns oft Unerledigtes. Wir begegnen Aspekten unserer Lebensgeschichte, augenblicklichem Ärger, schwelgen in schönen Erfahrungen, entdecken (verhinderte) Sehnsüchte, Trauer und Ängste.

Wie kann ich damit umgehen? Besonders wichtig ist diese Frage in Bezug auf all die negativen Seiten, die Menschen an sich selbst entdecken. Positives Denken von sich selbst und über die eigenen Möglichkeiten nützt wenig, wenn durch die Hintertür immer wieder die negativen Aspekte auftauchen und oft viel stärker sind als die positiven Gedanken. Oft genug erlebe ich positives Denken als eine Illusion, die irgendwann wie eine Seifenblase zerplatzt.

Ich möchte Ihnen folgende Schritte für den Umgang mit Ihren schwierigen Gefühlen vorschlagen:

- Nehmen Sie wahr, was in der Meditation auftaucht, aber begeben Sie sich nicht hinein. Gerade schwierige Bilder verstärken sich, wenn Sie sich ihnen hingeben. Der Ärger nimmt zum Beispiel nicht ab, sondern er steigert sich und gewinnt an Eigendynamik und wird größer.
- Lassen Sie die Bilder / Gedanken los und kehren Sie gesammelt zu Ihrem Wort zurück.
- Schauen Sie sich die Gedanken und Bilder *nach* der Meditation intensiver an und geben Sie ihnen in Bildern oder Ton Ausdruck, dazu dienen auch »die schöpferischen Ideen« in diesem Buch. Verarbeiten Sie das Geschehen, indem Sie sich bewusst den Gedanken und Bildern stellen.
- Bewerten Sie sich und diese Bilder und Gedanken nicht, vermeiden Sie besonders das Abwerten aller Arten der Gefühle.
- Akzeptieren Sie, dass etwas geklärt werden kann oder geklärt werden sollte.
- Suchen Sie dazu auch die angebotenen Gesprächsmöglichkeiten bzw. einen Begleiter oder eine Begleiterin.
- Schreiben Sie wichtige emotionale Aspekte in Ihr Tagebuch.
- Denken Sie daran: »Was Eindruck macht, braucht Ausdruck.«

Schöpferische Idee
Ein eigenes Mandala gestalten

Mandalas helfen, die eigene Struktur zu finden, sie fördern den Ausdruck unseres inneren Prozesses und sie schenken vielen Menschen Zufriedenheit im kreativen Gestalten.

Diesem Brief liegt ein runder Kreis bei (S. 103). Kopieren Sie ihn oder malen Sie einen Kreis in die Mitte eines Blattes. So haben Sie einen äußeren Rahmen. Suchen Sie die Mitte des Kreises und gestalten Sie – nach einer Phase der Ruhe – von dort aus mit guten Kreiden, Buntstiften oder etwas anderem Ihr Bild. Sie können auch folgender Anregung folgen:

- Malen Sie in die Mitte ein Symbol / ein Zeichen für das, was Sie im Leben trägt.
- Malen Sie an den Rand (ein) Zeichen für Ihre Verbindung / Ihr Verhältnis zu anderen Menschen.
- Lassen Sie dazwischen in Farben und Formen wachsen, wie Sie sich empfinden. Bedenken Sie dies nicht, nehmen Sie sich nichts vor, gehen Sie in einen offenen Prozess.

Wechselnde Pfade

T: Baltischer Hausspruch / M: unbekannt

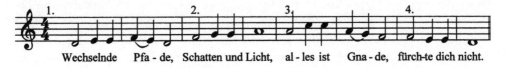

Wechselnde Pfa - de, Schatten und Licht, al - les ist Gna - de, fürch-te dich nicht.

11. Brief

Der Prozess der Versöhnung

Zur Einstimmung

> Damit das Leben etwas bedeutet,
> müssen wir das Ewige berühren,
> das Geheimnisvolle erkennen
> und herausfinden, wer wir sind.
> JOSEPH CAMPBELL

Der Prozess der Versöhnung

Die beiden letzten Briefe führten über die Übung der Wahrnehmung und Achtsamkeit zu eigenen Klärungs- und Reinigungsprozessen. Ich deutete schon an, dass dies nicht der letzte Schritt sein kann. Klärungen müssen konkret werden und zu einem Abschluss kommen. Diesen Abschluss nenne ich Versöhnung. Da für manche Menschen das Wort »Versöhnung« stark religiös geprägt ist und leicht missverstanden wird, möchte ich kurz mein Verständnis dieses Begriffs erläutern. Mit Versöhnung beschreibe ich einen inneren Zustand des Menschen, in dem er sich ganz annimmt und in dem er erfährt (!), dass er ganz angenommen ist. Die eigene innere Annahme schließt eine Annahme durch den Urgrund des Lebens und durch andere Menschen ein.

Sich anzunehmen führt – nach meiner Erfahrung – immer dazu, dass der Mensch wahrnimmt, dass er schon lange angenommen ist, und zwar so, wie er jetzt ist: Sie sind ein der Liebe würdiger Mensch, egal was Sie für einen Eindruck von sich selbst haben.

Diese Annahme geschieht nicht nacheinander, etwa nach unserem bekannten Muster: »Wenn du jetzt das brav getan hast, dann erfährst du meine Liebe.«

Versöhnung ist ein allumfassendes und auf allen Ebenen gleichzeitig geschehendes Ereignis. Die Versöhnung mit Gott bzw. mit anderen Menschen geschieht in dem Augenblick, in dem der Mensch sich mit sich selbst versöhnt bzw. sich versöhnen, sich aussöhnen lässt.

Ein Beispiel:
In dem Augenblick, in dem ich mich mit einem Elternteil innerlich aussöhne, finde ich meinen Frieden und auch den Frieden mit dem Elternteil, auch wenn dieser nicht aktiv an diesem Prozess beteiligt war.

Natürlich kann es geschehen, dass jemand den Aussöhnungsprozess, den ich mit ihm oder ihr suche, ablehnt. Erstaunlicherweise führt dies – wenn ein eigener innerer Versöhnungsprozess stattgefunden hat – nicht zu einer Aufhebung und zu einer Veränderung der eigenen Grundhaltung. Sicher, es stellen sich Traurigkeit oder gar Enttäuschung ein, aber wenn Sie in Ihrer Versöhnungsbereitschaft verweilen, bleiben Sie in Ihrer versöhnten Grundhaltung. Sie können nur sich selbst ändern; die Wandlung anderer Menschen kann nur durch diese selbst geschehen.

Fast immer mache ich aber die Erfahrung, dass die eigene versöhnte Haltung auch – manchmal nach einem langen Zeitraum – den anderen Menschen erreicht, berührt und ihm so auch Versöhnung ermöglicht.

Im eigenen Versöhnungsprozess ist die Grundhaltung Gottes, der Versöhnung in, mit und unter den Menschen sucht, immer vorhanden. Gott ist ein Gott des Friedens und der Aussöhnung.

Ein großer und wichtiger Schritt für die persönliche Wandlung und für die eigenen Versöhnungsprozesse ist daher, dass wir unsere verinnerlichten Gottesbilder loslassen und zu eigenen (durchaus zu reflektierenden) Erfahrungen mit Gott kommen. Heilsam ist, von Gottesbildern zu Erfahrungen mit dem Urgrund des Lebens selbst zu finden. Auf diesem Weg geschieht auch eine Versöhnung mit alten gelernten Gottesbildern – zum Beispiel von einem strafenden, reglementierenden, vernichtenden Gott. In diesem Versöhnungsprozess können wir diese Vor-Urteile loslassen und eigener authentischer Erfahrung Raum geben. Das Herzensgebet wird dabei zum Wegbereiter intensiver Erfahrungsmöglichkeiten mit dem Urgrund des Lebens.

Diesen grundsätzlichen Ausführungen möchte ich einen konkreten Aspekt der Versöhnungsarbeit hinzufügen, der mich in einer Begegnung sehr berührt hat.

Sicherlich ist das Thema auf den ersten Blick ein Aspekt aus dem männlichen Lebensbereich, aber meines Erachtens für Männer und Frauen gleichsam wichtig und beispielhaft für Klärungs- und Heilungsprozesse. Ich wähle die Briefform.

Lieber Bastian,

das Gespräch mit dir nach der Eutonie-Übung geht mir noch durch den Kopf. Sich selbst berühren, sich langsam über das Gesicht fahren, sich einspüren in das eigene Mannsein ist für viele Männer (und auch für Frauen) ungewohnt. Sie sind mit sich selbst nicht vertraut.

Ich kann mich gut erinnern. Es war vor der Geburt unserer Kinder, als ich unfähig zu weinen und voller Schmerzen war, als ich gefragt wurde: »Was fühlst du?« Ich war irritiert! Ich versuchte mich zu fühlen und wahrzunehmen. Ich war hilflos und benannte alles Mögliche, aber es war mir nicht möglich, irgendein Gefühl auszudrücken.

Es war nicht die Unfähigkeit, sprachliche Ausdrücke zu finden, sondern schlicht und einfach die Unfähigkeit, mich wahrzunehmen und mich zuzulassen. Nun regt unser Gespräch mich an, einen Abschnitt meines Jungen-Seins anzuschauen.

Gemeinsam sprachen wir über unsere Pubertät. Wir stellten fest, wie schnell wir gewachsen sind. Körperlich hatte sich – fast schlagartig – so viel verändert, ohne dass ich es begriffen hätte. Irgendwie stimmte nichts mehr. Körperlichkeit und seelisches Erleben hatte ich anscheinend damals schon ausgeblendet, höchstens im Sport Leistung erbracht.

Ich weiß nicht, wie es dir erging. Ich versuche mich zu erinnern und spüre, wie sehr die Zeit tabuisiert ist. Ich glaube, dass diese Zeit für viele von uns Männern insgesamt ein Tabu ist. Wir haben davon gehört, dass es ein Kind im

Mann gibt. Wir haben geübt, uns mit dem verletzten Kind in uns auszusöhnen. Aber warum kommt das Werden des jungen Mannes nicht in den Blick?

Was ist das für ein seltsames, elendes Tabu, das diese Reifungszeit entweder verdrängt oder auf ein paar zotige Anspielungen reduziert?

Vielleicht treffen in diesem Lebensabschnitt zwei Tabus aufeinander: das Tabu der Sexualität und das der Religiosität, der Sinnsuche. Und diese Tabus bedeuten: Niemand hat uns ermutigt, über unsere zärtlichsten und intimsten Bedürfnisse zu reden oder sie auch nur wahrzunehmen. Wir wurden zu Mangelwesen erzogen. Es ist wahr, mir mangelte viel in dieser Zeit – Zärtlichkeit und Verständnis, Freundschaft und Intimität, körperliche Erfüllung in meiner Ungelenkigkeit.

Und ich fühlte Sehnsüchte in mir – nach einer liebevollen Beziehung, nach einer fairen Welt, nach einem liebenden Gott und nach einem Ort, an dem ich mich geborgen fühlen konnte.

Nun kann ich heute sagen, ein Tabu schützt auch den inneren Reifeprozess; und in dem Nicht-Angesprochensein von Sexualität und Sinnsuche war auch ein Frei- und Schutzraum enthalten.

Warum aber lädt uns keiner ein, dass wir uns wenigstens heute mit dieser Zeit aussöhnen und die inneren und äußeren Verletzungen anschauen?

Oder haben andere Männer keine Verletzungen erlitten? War sie für andere Jungen die Zeit der großen Helden und Illusionen? Bleibt ein Pfadfindertraum zurück – mit der Einstellung und der Verklärung: Es war eine schöne Zeit?

Ich habe den Verdacht – und Alice Miller lässt hier grüßen –, in dieser jugendlichen Entwicklungszeit setzt, ebenso wie in der Kindheit, eine große Verdrängung ein!

Zum einen gab es wirklich tolle Erfahrungen, die ich nicht missen möchte, und die gab es sicher für fast jeden in diesem Alter.

Aber was ist mit den anderen Fragen?

Welche Prägungen hat meine Sexualität damals erfahren, wie verklemmt bin ich geworden, wie offen? Was für Tabus habe ich gelernt?

Was ist mit der Erfahrung, dass Jungen sich nicht berühren, sondern sich nur aggressiv begegnen, weil sie sonst von den Gleichaltrigen als schwul verspottet werden? Wie haben wir diesen Verlust an Zärtlichkeit – bis heute – verkraftet oder kompensiert?

Was dürfen unsere Partnerinnen ausbaden, weil wir so geworden sind, wie wir sind?

Haben wir uns je mit unserem eigenen Körper ausgesöhnt, der uns Fülle und Mangel, Verzicht und Sehnsucht spüren ließ? Haben wir unseren Körper lieben gelernt? Damit meine ich mehr als Bodybuilding und Saunabesuch. Ich spreche davon, dass wir uns mit unseren alten Sehnsüchten und dem alten Mangel auseinander setzen, weil er uns bis heute nachgeht. Lieben heißt, dem Menschen seine Würde geben, also: Haben wir uns selbst als Männern die (körperliche) Würde zurückgeben können? Durften wir uns als gut empfinden?

Wie konnten wir mit den triebhaften Erfahrungen unserer Pubertät umgehen? Wer schwankte nicht zwischen Lust und Entsetzen, zwischen Scham und Schamlosigkeit, zwischen Geträumtem und nie Erlebtem, zwischen Schuldgefühlen und Trotz gegen alle Moral, die uns beschränkte (und sicher auch schützte)?

Was haben uns Frauen und Männer (besonders Vater und Mutter) über unseren Leib und unsere Sexualität mitgeteilt und vorgelebt? Das schwankte zwischen Abscheu und Gier, zwischen überhöhter Heiligkeit und Schmutz, zwischen Verbot und Unglaubwürdigkeit und Sprachlosigkeit – und ich hoffe, einige von uns erfuhren auch Beispiele gelungener und versöhnter Liebe.

Wurden wir überhaupt von unseren Vätern und Müttern so losgelassen und freigegeben, dass wir mit gutem Gewissen unsere Leiblichkeit leben durften?

Wie weit durften und wollten (!) wir uns überhaupt selbst wahrnehmen, konnten wir unser eigenes Spiegelbild ertragen, uns annehmen? Ist jemand mit uns den Weg der Annahme dieses jungen Mannes gegangen? (Ja, es war ein junger Mann – komplett und in der Fülle des Lebens und doch ... so mangelhaft.)

Und unser Gottesbild: Wie war der junge Mann vor Gott?

Schlecht – oder gleichgültig, weil er manches tat, was er nicht glaubte tun zu dürfen? Waren nicht gerade die sexuellen Wünsche, Entdeckungen, die Leiblichkeit mit einem kirchlich religiösen Tabu belegt und wurden sie nicht als Sünde bezeichnet, zum Beispiel die Selbstbefriedigung?

Sind wir hier wirklich mit uns ausgesöhnt – oder sind es bislang nur Einsichten, wie wir geworden sind?

Was ist mit den inneren Idealen und gesellschaftlichen Utopien aus dieser Zeit, auf welchem Altar wurden sie geopfert? Kommt es daher, wenn Politik heute fast keine Utopien mehr kennt, sucht und fördert?

Nun schreibe ich dir diesen Brief im Zusammenhang meiner Briefe zum Herzensgebet. Was hat unsere Spiritualität mit diesem Lebensalter zu tun und wo berührt uns dieses Lebensalter heute? Sich mit diesem Lebensalter zu versöhnen heißt, dieses Lebensalter wahrnehmen, seine Erfahrungen und Prägungen annehmen und durchgehen und die Lebenskraft dieses Alters wirken lassen. Das ist die Kraft der Sinnsuche.

Praktisch heißt dies: Ich bin eingeladen, diesen jungen Mann, der ich damals war und der noch in mir lebt, wahrzunehmen und zu lieben. Eine innere Aussöhnung kann geschehen, wenn ich ihn (wohlwollend) anschaue, wenn ich nicht an seinem damaligen Wesen hafte, sondern seine Prägungen zulasse und somit Stärken und Schwächen sehe. Auf diesem Weg werden auch die alten Verklemmungen sich lösen, zumindest teilweise.

Besonders not-wendend wird mir meine Aussöhnung mit meinem Leib, mit meiner Leibhaftigkeit. Es tut mir gut, immer wieder zu spüren, dass mein Leib – ohne jede Vorbedingung – der Wohnort Gottes ist.

Es ist eine wohltuende Entdeckung: Auch in diesem Alter war ich als junger Mann Gottes Ebenbild, d.h. ich war o.k., in Ordnung. Diese Annahme meiner Gottesebenbildlichkeit war in diesem Alter für mich unmöglich, sie kam mir gar nicht in den Sinn. Auch war kein Mann in meinem Leben anwesend, der dies hätte vermitteln können. Wenn dies damals nicht möglich war, dann sind dieses Annehmen und Angenommen-Werden heute möglich: Mir tut es gut, beim Schreiben dieses Briefes zu erleben: Der junge Mann, der ich gewesen bin, der ist lebendig. Ich beginne ihn zu erkennen.

Viel zu viele Vaterbilder wurden zu Gottesbildern für junge Männer und junge Frauen. Gott ist kein Vaterbild. Hier wird deutlich, wie hilfreich der Hinweis ist, sich von Gott kein Bild zu machen. Gott ist nicht wie die Väter, sondern für die Väter besteht eine Einladung, sich an Gott zu orientieren, um aufrichtige, zärtliche, sanftmütige, konflikt- und dialogbewusste Väter zu werden. Was ist damals für ein Gott(esbild) in uns gewachsen, das durch nicht geklärte und verhärtete Männerrealitäten und Männerfantasien geprägt wurde? Hier kann in der Versöhnung nur Entrümpelung stattfinden.

Eine meiner Entdeckungen in diesem Brief ist meine eigene Sinn- und Aufgabensuche im Alter zwischen zwölf und sechzehn Jahren. Mir fiel Jesus ein, der als Zwölfjähriger mit der Suche und der Entdeckung seiner Lebensaufgabe beginnt. Hier wird die Sinnfrage eines werdenden Mannes ernst genommen, auch wenn die eigenen Eltern ihn nicht verstanden haben. Wahrscheinlich vollzieht sich hier für Eltern ein erster großer Abschiedsprozess von

der Kindheit ihres Kindes. Jungen und Mädchen, also junge Erwachsene, brauchen in dieser Zeit Anregungen, Freiräume und Unterstützung, die sie erbitten. So weit meine Gedankensplitter von dieser Wahrnehmungsreise.
Dein Rüdiger

Ein Versöhnungsweg – beispielhaft an einem Lebensabschnitt – fördert das Heilwerden der eigenen Person. Langsam – aber sicher – klingt immer mehr von der Person durch, als die wir von Anfang an gedacht sind. Auch wenn vieles in jedem von uns bruchstückhaft bleibt, so ist und wird jede und jeder von uns doch ein wertvoller Mensch.

Das Heilwerden wirkt sich aber nicht nur in mir oder gar für mich allein aus, es tut auch anderen Menschen gut. Vielleicht wandeln die anderen sich mit, weil ich mich wandeln konnte. Gerade das Beispiel verdeutlicht: Die Versöhnung mit dem jungen Mann/der jungen Frau in mir wirkt sich intensiv in der Beziehung zu Partnerin und Partner, zu Freund und Freundin und den Kindern aus.

Chancen und Schwierigkeiten
Danken, Gutes tun und sich Gutes tun lassen

»Wie kann ich meine Versöhnung unterstützen?«, werde ich oft bei Seminaren gefragt. Ich schlage Ihnen vier Schritte vor, die nicht voneinander abhängig sind, die sich aber begünstigen.

- Nehmen Sie wahr, für was Sie jetzt danken können. Sie beginnen so Dankbarkeit einzuüben. So wandeln sich manche Lebensansichten und Haltungen.
- Fragen Sie nicht (nur), was Sie müssen, sondern fragen Sie sich, was Sie wollen. Dies ist für manche Menschen schwierig, denn sie wissen nicht, was sie wollen. Unterscheiden Sie in Ihrem Wünschen zwischen Gier und Habenwollen auf der einen Seite und zwischen dem, was Ihnen jetzt gut tut, auf der anderen Seite.

- Gönnen Sie sich das Wesentliche, wenn es möglich ist.
- Lassen Sie zu, dass Ihnen Gutes getan wird. Lassen Sie sich beschenken und schenken Sie selbst – ohne jede Verpflichtung.

Eine Übung zur Barmherzigkeit und Versöhnung

In dieser Übung wenden Sie sich einem Menschen (er kann auch verstorben sein) zu, mit dem Sie in einen Versöhnungsprozess eintreten wollen. Auch sich selbst können Sie sich zuwenden. Die Übung ist ebenso übertragbar auf einen Aspekt der eigenen Person, mit dem Sie sich versöhnen wollen, zum Beispiel mit Ihrem Zorn.

- Setzen Sie sich in die Grundhaltung der Meditation.
- Schließen Sie für diese Übung (eher) die Augen.
- Gehen Sie in die Grundübung des Herzensgebetes und halten Sie die Grundschwingung bei.
- Stellen Sie sich die Person vor, mit der Sie sich versöhnen möchten.
- Senden Sie ihr mit dem Ausatmen Ihr Wohlwollen, vielleicht auch Ihre Liebe. Bitte entscheiden Sie dies.
- Schließen Sie nach einiger Zeit (5–15 Minuten) die Übung ab:
  Lösen Sie sich aus dem Zusenden Ihres Wohlwollens.
  Nehmen Sie sich selbst wahr – ohne Bewertung.
  Setzen Sie (bewusst) die Übung des Herzensgebetes fort.

Beenden Sie die gesamte Übung mit einer Verbeugung (in der Vorstellung) auch vor dem anderen Menschen. Die gesamte Dauer sollte Ihr normales Sitzen nicht überschreiten.

Schöpferische Idee
Einführung ins Tönen – Schalom, Salem

Es passt zum Thema Versöhnung, »Schalom« (hebräisch) und »Salem« (arabisch) zu »tönen«. Beide Worte bedeuten nicht allein »Friede sei mit dir«, sondern gleichermaßen »Ich wünsche dir bestmögliches Gedeihen«. Diese Worte haben neben ihrer persönlichen Seite »Friede ziehe in dein Herz« auch einen Wunsch für alle Menschen und Völker, die in Unfrieden sind: »Friede werde euch.«

Was ist »tönen«? Machen Sie dazu eine erste Übung. Welche Vokale sind in Ihrem Vornamen enthalten?

- Suchen Sie sich einen Vokal aus, den Sie mögen, und bringen Sie ihn zum Klingen. Lassen Sie dazu den Atem frei aus dem offenen Mundraum strömen und bringen Sie den Vokal in einen Klang. Manchen Menschen hilft es, wenn sie bei den ersten Tön-Versuchen allein im Haus sind. Der Ton des Vokals ist nicht festgelegt. Sie werden den Ton selbst finden.
- Probieren Sie auch andere Vokale aus. Lassen Sie es klingen!
- Spüren Sie, wo in Ihrem Leib der Vokal seinen Resonanzraum hat. Spielen Sie mit dem Klang und lassen Sie den Klang Ihren Körper berühren. Manche Vokale schwingen im Beckenbereich, im Brustraum, in der Kehle, im Kopf, in der Wirbelsäule, in den Füßen. Machen Sie sich zu einer Entdeckungsreise auf. Gehen Sie in den eigenen Klang.
- Halten Sie nach dem Tönen inne und nehmen Sie die Stille nach dem Verklingen in sich auf.
- Nun können Sie nicht nur Vokale tönen, sondern auch Worte mit Vokalen. In den geistlichen Traditionen spielt der Klang der Worte eine große Bedeutung; auch das Herzensgebet lebt vom Klang.
- Wagen Sie es, »Schalom« zu tönen, die Vokale werden dabei lang und tragen das Wort, das »m« am Ende lässt das Wort ausklingen, austönen.
- In einer späteren Phase nehmen Sie »Salem« hinzu. Sie können die Worte abwechseln, sodass die Worte nacheinander erklingen. Finden Sie Ihren eigenen Klang und lassen Sie besonders die Vokale schwingen.

12. Brief

Von der Geschichte des Herzensgebetes

Zur Einstimmung

In den letzten Jahren versuchte ich, dem Strom des Herzensgebetes in den verschiedenen orthodoxen Kirchen nachzugehen, um dieses vor Ort zu vertiefen. Das Ergebnis war ernüchternd. Entweder wurde die Praxis wie ein Geheimnis behandelt oder ich war der Fremde, Andersgläubige. Aber ich traf am Rande dieser Kirchen immer wieder Menschen, die offen, gastfreundlich und meiner Praxis sehr förderlich waren. Die offizielle Kirche tut sich schwer; der Geist blüht am Rande des Weges. Dies tröstete mich, denn bei uns ist es nicht anders.

Und so fragte ich Vater Johannes, was (für mich) zu tun sei. Vater Johannes antwortete: »Du musst deinen Weg in deiner Tradition finden, etwas anderes bleibt heute niemandem übrig. Gehe und meditiere, du wirst sehen, was daraus erwächst!«

»Und die Ökumene? Das Gemeinsame, die gemeinsamen Wurzeln?«, fragte ich. Vater Johannes antwortete: »Wir brauchen eine Ökumene des Herzens. Bei aller Unterschiedlichkeit werden die Menschen zusammenfinden, die das Wort in ihrem Herzen bewegen, und dies wird die Spiritualität der Kirchen verändern. Denk daran, die Veränderungen wachsen aus dem Boden, sie erwachsen von unten. Die Kirchen werden erfasst werden von einer Spiritualität, die nicht aus dem Studium und den Gelehrtenzimmern erwächst. Physiker und Krankenschwestern, Pädagoginnen und Straßenkehrer werden die Spiritualität mit Leben füllen.« Er schwieg eine Weile und zeigte dann auf mein Herz: »Übe weiter, dies ist dein Weg.«

Von der Geschichte des Herzensgebetes zur eigenen Lebensgeschichte

Der Geschichte des Herzensgebetes begegnen wir zuerst im jüdischen Glauben, in den Psalmen. Der Psalm 19 – ein Lied Davids – schließt: »Lass dir wohl gefallen die Rede meines Mundes und das Gespräch meines Herzens vor dir.«

»Das Gespräch meines Herzens« ist eine eindrückliche Formulierung des Herzensgebetes. Ich zitiere diesen Vers, weil er von vornherein Brücken zum jüdischen Glauben schlägt. Gleichzeitig wissen wir: Jesus und Paulus stehen mit ihrer Auffassung vom Gebet in einer langen Tradition. Jesus selbst legt Wert darauf, dass das Gebet befreit wird von formaler Pflichterfüllung und äußerer Vorschrift. In der jüdischen Tradition gab es Gruppen, die vorrangig bestimmte Maße und Riten im Gebet einhalten wollten.

Jesus stellt das Gebet in den Zusammenhang der Liebe. Wenn er äußert: »Du sollst Gott lieben von ganzem Herzen, von ganzer Seele, mit allen Kräften und von ganzem Gemüt« (Lukas 10,27), dann zeichnet er hier die Bewegung des inneren Gebetes nach. Wir spüren die Meditation mit allen Sinnen. Daraus erwächst im Alltag die Liebe für die anderen Geschöpfe und uns selbst. In der Erzählung von Maria und Marta, die bezeichnenderweise im selben Kapitel steht, wird der Gegensatz von Arbeit und schweigendem Hören so zugespitzt, dass Hören und innerliches Schweigen Vorrang erhalten. In der heutigen Zeit gewinnt diese Zuspitzung an Schärfe. Sie verweist uns auf die Notwendigkeit des Hörens. Letztlich aber zielt diese Geschichte von Maria und Marta auf die Versöhnung von Handeln und Hören in jedem einzelnen Menschen, also auf die Einheit von Aktion und Kontemplation.

Paulus nimmt diese Tradition auf; vermutlich gehört sie zu seinem eigenen jüdischen geistlichen Weg. In seinem wahrscheinlich ältesten Brief, dem an die Thessalonicher, schreibt er im 5. Kapitel kurz und knapp: »Betet ohne Unterlass.« Dieses Wort wurde für viele Orden und für die Tradition des Herzensgebetes Anstoß und Begründung.

Das Herzensgebet erfährt seine Vertiefung bei den Wüstenvätern und -müttern. In den ersten Jahrhunderten nach Christus lebten Menschen zurückgezogen in der Wüste und pflegten streng das innere Gebet. Sie lebten als Einsiedler und Einsiedlerinnen oder in kleinen Gruppen oder Klöstern. Ihnen war im Rückzug der ständige Kontakt mit Gott vorrangig. Aus dieser Zeit stammen die ersten Schriften über das Herzensgebet. In der Folgezeit wird das immer während Gebet Bestandteil der kirchlichen geistlichen Tradition, erfährt aber ein ständiges Auf und Ab und lebt nur eingeschränkt im Bewusstsein der Menschen. In vielen Klöstern wird es jedoch durchgehend – allerdings mit unterschiedlicher Dichte – geübt.

Das Herzensgebet begründete ein Lehrer-Schüler-Verhältnis. Der erfahrene Lehrer bzw. die Lehrerin leitete an, begleitete, vertiefte. Diese Begleitung war besonders wichtig, wenn Atemtechniken einbezogen wurden, was in der Tradition in Verbindung mit intensiver (durchaus täglicher) Begleitung geschah. Dabei waren die Begleiter sowohl Frauen als auch Männer. Wie so oft wurde die Tradition der Frauen fast ganz verschwiegen.

Nach der ersten Spaltung der christlichen Kirchen – um das Jahr 1054 – blieb das Herzensgebet schwerpunktmäßig in der orthodoxen Kirche lebendig. Von dort kam es, besonders im 20. Jahrhundert, in die katholische und später in die protestantische Kirche zurück.

Als besonderer Ort des Herzensgebetes gilt bis heute der Berg Athos in Griechenland. Über die Zeiten hinweg existierte dort eine Mönchsrepublik, die den geistlichen Weg in der Tradition der Wüstenväter pflegte. Wer mehr darüber erfahren will, lese Erhart Kästners wunderbares Buch »Die Stundentrommel vom Heiligen Berg Athos«.

Auf dem Athos sammeln sich Mönche aus vielen Ländern mit orthodoxen Traditionen, auch aus Russland. Dort erfuhr das Herzensgebet eine große Blüte und Erneuerung und wirkt bis in die heutige Zeit. Es entwickelte sich die Tradition des Starez, des geistlichen Begleiters. Beschrieben ist diese Tradition in den »Aufrichtigen Erzählungen eines russischen Pilgers«, herausgegeben von Emmanuel Jungclaussen. Mit dem Starez knüpft die russisch-orthodoxe Kirche an die griechische Tradition des Gerontas (des Ältesten) an.

Zumeist ist das Herzensgebet durch diese Mönchstraditionen geprägt. Obwohl das Herzensgebet auch im »Volk« geübt wurde, existiert über die Übungsweise im Alltag von Menschen außerhalb der klösterlichen Tradition kaum Literatur. Man kann den Eindruck gewinnen, dass fast nur der männlichen klösterlichen Tradition eine tiefer gehende Praxis zugetraut wurde.

Die klösterliche Praxis hatte ihre Schwerpunkte: Rückzug aus dem Alltag, Beherrschung bzw. Abtötung der Leidenschaften und Eigenbedürfnisse, Verzicht auf Sexualität, Besitzlosigkeit, Gehorsam gegenüber dem geistlichen Führer, Leben in der Tradition der Kirche.

Mit dieser Aufzählung verbinde ich keine Rangfolge oder Wertung. Viele dieser Schwerpunkte erschrecken heute Übende, weil in ihnen auch Entscheidungen enthalten sind, die wir heute so nicht oder nur schwer nachvollziehen können. Gleichzeitig muss man die Tradition wenigstens kennen, um im eigenen Üben und beim Lesen der alten Schriften nicht irritiert zu werden.

Es gibt nicht die eine, einheitliche, gerade Tradition des Herzensgebetes, der wir folgen können. Wir müssen unseren Weg suchen. In den alten Schriften werden wir viele leibfeindliche Äußerungen entdecken, die sich aus dem christlichen Glauben so nicht ergeben und sich nicht mit unseren Körpererfahrungen decken. Hier sollte man kritisch und doch vertrauensvoll den eigenen Weg gehen.

Des Weiteren wird fast nur über Männer berichtet. Überlieferungen über Lehrerinnen (Stariza) gibt es kaum, obwohl Frauen diesen Weg genauso gegangen sind und im normalen Alltag sicherlich eher die Frauen die Tradition des Herzensgebetes pflegten, vermittelten und bewahrten. Hier spüren wir ein Abbild der gesellschaftlichen Situation.

Auch kennen manche Traditionen nicht die direkte Verantwortung für unsere Welt, sondern beschreiben auf den ersten Blick einen Auszug aus unserer Verantwortung für den Alltag und für alles Leben. Oft genug wurde dies auch Praxis, wobei erfahrene und intensiv Übende immer betont haben, dass sie an der Welt Anteil nehmen und sie auch durch ihre Meditationspraxis gestalten.

Den Auszug einiger Übenden aus gesellschaftlicher Verantwortung kann ich nicht nach- und mitvollziehen, ebenso wenig die Abwertung und Abtötung unserer Erotik und Sexualität. Sie gehören zu unserem Leben. Nach meiner Erfahrung vertieft der geistliche Weg besonders in diesen Bereichen unser Erleben und unser Vertrauen, zum Beispiel zum Partner oder zur Partnerin.

Eine wesentliche Entdeckung ist sicherlich, dass das Herzensgebet in heutiger Zeit in Partnerbeziehungen mit erfüllter Lebensfreude und Erotik praktiziert werden kann.

Die Geschichte schreibt uns also nicht einen klaren, einfach nachvollziehbaren Übungsweg vor. Die Tradition mutet uns zu, dass wir unseren eigenen Weg heute finden, ihn selbst gehen und immer wieder klären. Schauen Sie sich auftretende Fragen und Probleme immer neu an, nehmen Sie sie hinein ins Herzensgebet. Bewegen Sie alles – wie Maria, eine der Lehrerinnen – in ihrem Herzen, und es wird vieles deutlicher: Es wird gedeutet. Bei Unklarheiten fragen Sie in Einzelgesprächen nach.

Geschichte und Tradition haben also ihren Wert, da sie in unsere ureigenste Lebensgeschichte hineinwirken. Sie bewegen sich – in der Übung des Herzensgebetes – von der Geschichte auf die eigene Lebensgeschichte hin. Nur was für Sie – in einem tieferen Sinne – stimmt, kann seinen Wohnort in Ihnen finden. Tradition ist nie Selbstzweck, denn dann wäre sie tot. Vielmehr wird Tradition in der eigenen Verarbeitung und Auseinandersetzung lebendig. Achten Sie auf Ihre Widerstände gegen Altes. Mancher Vorbehalt ist wie ein Spiegel: Der Vorbehalt oder das Ärgernis lädt ein, sich hier genauer wahrzunehmen. Dabei müssen wir allerdings auch vergangene Missdeutungen korrigieren und den Weg des Herzensgebetes unter dem Aspekt der Befreiung des Menschen von Angst, Schuldgefühlen und Leer-Sätzen sehen.

Chancen und Schwierigkeiten
Lesen in der Bibel

»Wie kann ich mit schwierigen Stellen in der Bibel umgehen?« »Wie kommst du – Rüdiger – zu dieser Deutung?«, so werde ich oft bei Seminaren gefragt. Dabei wird immer wieder deutlich, dass es einerseits grundsätzlich schwierige Stellen gibt, zum Beispiel die zu den rächenden und grausamen Gottesvorstellungen, und dass es andererseits persönlich geprägte Anfragen und Schwierigkeiten gibt. Hier hilft es, verschiedene Verstehensebenen der Texte zu unterscheiden. Diese Verstehensebenen sind uralt und sehr hilfreich. Ich habe sie in meiner Sprache ausgedrückt und gegebenenfalls erweitert.

Ich möchte diese Ebenen beispielhaft an der Geschichte von Maria und Marta kurz aufzeigen. Lesen Sie dazu Lukas 10,38–42.

Die wörtliche Ebene

Diese Ebene nimmt das Geschehen wörtlich. Maria und Marta sind dann Personen, die beispielhaft deutlich machen, dass das Hören auf Jesus wichtiger ist als die Arbeit der Hausfrau.

Die historische Ebene

Auf dieser Ebene wird deutlich, dass es historisch vielleicht ein Akt der Emanzipation war, die Männer nicht zu versorgen, sondern sich als Frau auch hinzuzusetzen und Jesus zuzuhören. Historisch gesehen verhält sich Maria ungewöhnlich für die damalige Zeit, und Jesus bestärkt sie. Ergänzend können wir auch die soziale Situation der Frauen anschauen und die Männergesellschaft, die sich verpflegen lässt.

Die Beziehungsebene oder die psychologische Ebene

Auf der Beziehungsebene können wir den Konflikt zweier Frauen anschauen, die um das ihnen Wichtige miteinander ringen. Wie geht es der Frau, die die anderen versorgt und dabei allein gelassen wird? Ist ihr Ärger nicht berechtigt?
    Wie ist meine Beziehung zu der arbeitenden Marta? Oder möchte ich auch so sein wie Maria? Erlaube ich es mir als Frau oder Mann, mich einfach hinzusetzen und mich der Arbeit zu entziehen? Bin ich Marta oder Maria? Wie erlebe ich Jesus, wenn ich mich jeweils in beide Frauen hineinversetze?

Die symbolische Ebene

Auf dieser Ebene sind Marta und Maria Symbole für Meditation und Aktion. Jesus wird zu einem, der sagt: »Die Meditation ist wichtig für dein Leben. Lass deine Aktivität einmal ruhen«. Maria und Marta werden zu Bildern für eine andere Verstehensebene.

Die mystische Ebene

Die mystische Ebene lädt bei dieser Geschichte ein, noch tiefer hinter den Vorhang der Worte zu schauen. Einige Aspekte dazu: Sind Maria und Marta wirklich zwei Personen? Lebt in jedem von uns nicht sowohl Marta als auch Maria? Kommt es nicht darauf an, diese beiden Seiten zu versöhnen? Lädt Jesus nicht den schwächeren Teil ein (als die Übende der Meditation), sich wichtiger zu nehmen gegenüber dem beschäftigten Teil? Ist es nicht wie in der Praxis des Übens auch: Die Praxis der Spiritualität ist auch im Alltag nicht gering zu schätzen! Ist das nicht genau der Impuls Jesu?

So weit einige Gedanken zum Verstehen eines Textes. Nun funktioniert dies nicht bei jedem Text so umfassend und klar. Manche Texte entziehen sich auch nach einer solchen Betrachtung, sie bleiben schwierig.

Wesentlich aber ist, die einzelnen Verstehensebenen nicht gegeneinander auszuspielen und etwa mit falsch oder richtig zu bewerten. Sie gehören zusammen, wenn auch nicht immer alle Ebenen gleich wichtig sind. Wesentlich ist, sich dem Text zu öffnen, damit er mir auf der förderlichen Ebene begegnen kann.

Zum Bibellesen

Ich empfehle, in der Bibel nicht wahllos zu lesen, sondern zum Beispiel ein ganzes Evangelium nach und nach. Lassen Sie dabei Ihre Eindrücke, Gefühle, Anfragen, Ihr Unverständnis, Ihren Ärger, Ihre Bejahung usw. offen zu. Es gibt keine so genannte anständige oder unanständige Art des Lesens. Gerade wenn Sie mehrere Evangelien oder Briefe lesen, entdecken Sie Gemeinsamkeiten und Unterschiede. Sie nehmen auch zeit- und umweltbedingte Einstellungen immer deutlicher als solche wahr, zum Beispiel die Einstellung des Paulus zu Frauen. Mit der Zeit entdecken Sie in den Texten tiefere Schichten, die Sie unmittelbar ansprechen (s.o).

Noch einige Hinweise:

- Lesen Sie das Geschriebene als einen Erfahrungsbericht mit Gott, nicht als »Wahrheit« im Sinne der Natur- oder Rechtswissenschaften. Vergleichen Sie damit Ihre eigenen Erfahrungen, sie haben ihren eigenen Wert.
- Entdecken Sie die Bildersprache der Bibel. Auch Jesus veranschaulicht Schwieriges in Bildern und pflanzt es so in die Herzen der Menschen.
- Schauen Sie auf die Stellen, in denen von Strafe Gottes und Vernichtung die Rede ist.
- Betrachten Sie diese Deutung von Menschen einmal unter dem Gedanken der Folge: Ich werde nicht bestraft, wenn ich dieses oder jenes tue. Sondern:

Alles was ich tue, hat seine Folge. Mir wird also nicht etwas zugefügt, weil ich nicht brav bin, vielmehr wirkt sich mein Handeln für mich negativ aus.

Ich habe allerdings den Eindruck, dass viele mit dem Gedanken an einen strafenden Gott gut leben können, weil dieser Gedanke Menschen entlastet. Nicht mehr sie selbst sind verantwortlich für das Tun, sondern etwas ereilt sie schicksalhaft durch eine andere Macht. Wenn wir uns von dem Bild des strafenden Gottes lösen, übernehmen wir unsere Eigenverantwortung und werden zum *Gegenüber* Gottes. Dies ist nicht immer einfach, entspricht aber der Zusage Gottes.

Darüber hinaus helfen vielleicht folgende Fragen beim Lesen:

- Berührt mich diese Stelle in meiner Existenz?
- Was schenkt sie mir positiv und wo fordert sie mich heraus?
- Wie viel Ermutigung und Verheißung liegt in diesem Text?
- Entstehen meine eventuellen Widerstände oder mein Widerspruch, weil ich selbst betroffen bin oder weil der Text unzumutbare Aussagen enthält?

Nun viel Neugier und Freude!

Schöpferische Idee
Eine vertiefende Gebärde

Gebärde – Kreuz und Kreis

Im Kreuz treffen sich im Schnittpunkt Waagrechte und Senkrechte, es verbinden sich Himmel und Erde und auch alle Himmelsrichtungen. Der Schnittpunkt ist der kleinste Kreis. In der Gebärde möchte ich sowohl dem Kreuz als auch dem Kreis nachgehen. Schon in einer alten Kirche aus dem dritten Jahrhundert in Israel war das Kreuz im Kreis eingebettet.

- Stellen Sie sich aufrecht hin und spüren Sie sich von den (parallel stehenden) Füßen her ein. Lassen Sie den Aufrichtungsimpuls zu, der von den Fußsohlen bis zum Scheitelpunkt geht. Bitte die Knie nicht durchdrücken.
- In die Waagrechte gehen, das Kreuz wahrnehmen. Die Arme hängen am Körper herunter und gehen in eine sanfte Streckung, dann werden sie gleichzeitig bis zur Waagrechten zur Seite gehoben und verweilen dort. Die Handflächen sind zunächst nach unten gerichtet und drehen sich, sodass sie dann nach vorn zeigen – wieder verweilen.
- Die Handflächen drehen sich dann nach oben – dort verweilen.
- In die Senkrechte gehen und sich zwischen Himmel und Erde ausstrecken: Die Arme gehen gestreckt über den Kopf (ohne Überdehnung), bis die Hände sich deutlich berühren. Verweilen Sie in der Senkrechten.
- Nun bewegen sich die Arme langsam in einem großen Kreis wieder nach unten. Spüren Sie nach.

Alternativ:

Sie ziehen aus der Senkrechten die Hände nebeneinander vor dem Leib bis zum Herzraum langsam nach unten. Vor dem Herz halten Sie inne und senken dann die Hände ab und lassen sie hängen.
Wiederholen Sie die Bewegung in jeder Himmelsrichtung. Schließen Sie die Übung mit einer kleinen Verbeugung.

Agios o Theos

T / M und Satz:
Orthodoxe Liturgie aus Griechenland

13. Brief

Gott begegnen

Zur Einstimmung

Vor dem Ende sprach Rabbi Sussja: »In der kommenden Welt wird man mich nicht fragen: ›Warum bist du nicht Mose gewesen?‹ – Man wird mich fragen: ›Warum bist du nicht Sussja gewesen?‹«
    Martin Buber, Die Erzählungen der Chassisidim
    © Manesse Verlag, Zürich 1949, S. 753

Glaube war nie eine Frage des Glaubens an die Existenz Gottes, sondern des Vertrauens in die Gegenwart Gottes, die man erfuhr und von der man wusste, dass sie als selbstbestätigende gegebene Größe bestand.
    Ronald D. Laing

Gott begegnen

Lange geht mir dieser Brief schon durch Kopf und Herz, nimmt Gestalt an und verliert seine Gestalt wieder. Oft geht es mir wie Zachäus (Lukas 19), der auf einen Baum steigt, um einen Blick von oben auf Jesus zu werfen. Solche geistlichen Höhenflüge – von oben herabsehen – sind mir vertraut und das Wort Jesu: »Komm runter vom Baum« empfinde ich als Aufforderung, mit beiden Beinen Kontakt zum Boden zu haben und diesen Kontakt immer wieder zu suchen. In Zachäus begegnet mir der suchende Mensch, der im Leben alles erreicht hat. Er hat genug. Genug zum Essen und zum Trinken, genug Geld und genug Wohlstand, genug Macht (wer Zoll erhebt, ist nicht machtlos), genug Feinde und bestimmt auch genug Menschen, die sich um ihn scharen – und sei es um des Reichtums willen. Und machen wir uns nichts vor: Wer mit den Mächtigen kooperiert, ist selten verachtet oder ein Außenseiter. In welchem Land heute erleben wir denn, dass die Unterdrücker missachtet werden? Sollte es damals anders gewesen sein?

Es war wohl kaum Unrechtsbewusstsein, das Zachäus auf einen Baum getrieben hat. Was hatte der Rabbi Jesus schon zu bieten? Vielleicht dachte Zachäus: Es ist ganz gut, sich das Neue und Interessante mal aus der Distanz von oben anzusehen. Vielleicht war ein gerüttelt Maß Sehnsucht dabei, das Gefühl, dass genug doch nicht genug sei? Wer weiß? Vielleicht war es die Suche nach Erfüllung und innerem Frieden, den alles Haben und Machen nicht schenken?

So findet eine denkwürdige Begegnung statt – der Wohl-Habende sitzt auf dem Baum und der Nicht-Habende geht auf der Erde und beide finden Kontakt zueinander. (Hier wird noch einmal der Wert der Eutonie und ihrer Kontaktübung deutlich: Nur wer kontaktfähig ist, kann Kontakt leben.) Wer sucht, der findet – auch Jesus sucht diesen (den) Menschen und findet ihn. Begegnung geschieht auf der Erde, mitten im Alltag.

Jesus begegnen, Gott begegnen: Die Geschichte des Zachäus schildert eine Erfahrung und ihr Ergebnis. Die Begegnung leitet einen persönlichen Wandlungsprozess ein – es geschieht Menschwerdung. Zachäus wandelt sich grundlegend und ohne Druck, weil keiner moralische Ansprüche an ihn stellt. Er wird, was er immer schon ist. Er ist das Gegenüber Jesu und entdeckt sich dabei als das Gegenüber Gottes. Er entdeckt sich als ein Wesen mit seinen ureigenen Möglichkeiten, mit Würde und Freiheit, mit der Fähigkeit zu lieben, sich zu versöhnen, Konflikte auszutragen und Verantwortung zu übernehmen.

Diese Begegnung hat Konsequenzen: Die Ausbeutung und der Diebstahl haben nicht nur ein Ende, es erfolgt mehr als Wiedergutmachung. Die anderen Menschen kommen ins Blickfeld des Zachäus. Er gibt (zurück), er vergibt sich nichts und vergibt sich gleichzeitig, als er sein »Wesentliches« (wie heute oft auch das Geld) loslässt.

Begegnung mit Gott wird in der Begegnung des Zachäus mit Jesus beispielhaft deutlich. Es ist eine dreifache Begegnung: mit mir selbst, mit Gott und mit den Mitmenschen. Ich begegne mir selbst, bis in die eigenen Abgründe und in die eigenen Chancen hinein. Ich erfahre schmerzhaft, dunkel, freudig und hell, wer ich als Mann und Frau wirklich bin. Viele Menschen begleitet dabei die Frage: »Wer bin ich?« Und sie meditieren die Antwort: »Ich bin.« Die Geschichte von Rabbi Sussja am Anfang dieses Briefes vertieft diese Fragestellung.

Die fortwährende Übung, sich selbst als liebens-würdiges Wesen anzunehmen, geschieht im Herzensgebet. Versuchen Sie nicht, eine andere Frau oder ein anderer Mann zu werden, Sie können nur Britta oder Herbert sein und sich als einzigartig annehmen.

Ich persönlich finde es schwer, gerade auch die Seiten von mir anzunehmen, die ich selbst nicht mag, für die ich mich schäme oder die ich nicht wahrhaben will. Aber erst im Annehmen dieser Seiten, im Akzeptieren meiner Schatten und auch bösartigen Seiten, spüre ich Veränderung. Ich höre auf, mich selbst zu verleugnen, und beginnen mit mir wohlwollender, liebender umzugehen. Ich lege immer mehr der vielen Masken ab, die ich mir – sicherlich auch mit guten Gründen (z.B. Selbstschutz) – zugelegt oder die ich gelernt habe.

Das Streben nach Vollkommenheit besteht nur darin, die eigene Unvollkommenheit vollkommen anzunehmen – ohne Entschuldigung, vielleicht mit Traurigkeit und Wehmut. Daraus erwächst die Wandlung, die Veränderung meines Menschseins.

Warum gehört die Begegnung mit mir selbst zur Begegnung mit Gott? Verstehen Sie diese Zusammengehörigkeit nicht als Abfolge oder im Sinne einer Voraussetzung. Vielmehr besteht eine Wechselwirkung. Die Begegnung mit Gott, und sei sie noch so unscheinbar, beinhaltet die Wahrnehmung meiner selbst. Und umgekehrt: Da, wo ich mich selbst wahr-nehme, geschieht (!), dass ich die Anwesenheit Gottes, des Urgrundes des Lebens, erfahre und vertiefe. Verwechseln Sie dies nicht mit einer Leistung, die Sie zu vollbringen haben. Ich versuche nur ein Geschehen etwas allgemeiner zu beschreiben. Die Begegnung mit dem Urgrund bleibt überraschend und vielfältig. Sie ist immer ein Geschenk. Aber dieses Geschenk hat eine Grundlage, die Mose – genau wie viele andere Menschen – erfahren hat. Gott lässt den Menschen – genau wie Mose – unzweideutig wissen: »Ich bin da. Immer.«

Der Urgrund des Lebens ist da. Es geht in der Kontemplation, also im Schweigen, im Herzensgebet, darum, sich auf den Urgrund einzulassen. Und dies können wir, weil dieser Urgrund sich nicht entzieht und nicht mit uns spielt. Gott straft nicht. Er verhält sich nicht wie ein Vater meiner Generation, der erst einmal bestraft, wenn der Mensch sich nicht »gut« verhält. Hier spielt uns oft unsere innere Einstellung einen bösen Streich. Wir machen uns Bilder von Gott, die immer wieder dem Zeitgeist entsprechen. Mal ist Gott Vater, mal ist Gott Mutter. Wir übertragen leicht unsere eigenen Mutter- und Vaterbilder und unsere Erfahrungen damit auf Gott. Diese stehen uns dann im Wege, wenn wir Gott begegnen; wir erwarten etwas, was wir aus der Elternbeziehung schon kennen oder sogar fürchten. Deshalb ist es hilfreich, in der Meditation die eigenen inneren Bilder zu klären und loszulassen.

Sicherlich begegnen uns in Gott weibliche und männliche Aspekte, genauso wie erwachsene und kindliche Aspekte oder barmherzige und konsequente Aspekte. Aber all dies sind nur in Worte gefasste Erfahrungen. Letztlich ist Gott dies alles und doch gleichzeitig nichts von dem. Gott ist da. Dies ist alles.

Vielleicht wird deutlich, dass sich die Begegnung mit Gott nicht erzwingen lässt, und doch können wir etwas dafür tun. Zachäus klettert nur auf einen Baum, er macht sich auf den Weg – aber alles Weitere geschieht. Askese wird oft als Zwang missverstanden, der notwendig ist, um Gott begegnen zu können. Das Wort Askese bedeutet nichts anderes als Übung. Wer durch falsch verstandene Askese – im Sinne von zwanghaftem Verhalten – den Leib oder die Seele oder den Geist quält oder manipuliert oder gar die eigenen Gaben unterdrückt, missbraucht sich selbst. Dass dies dann mit Gottes Willen begründet wird, ist ein tragisches Missverständnis. Wir sind vielmehr eingeladen, uns selbst so wohlwollend zu begegnen, wie Gott uns begegnet.

Ich las, dass chinesische Christen die Vorstellung haben, dass Gott immer für sie da ist und dem Menschen nachläuft. Gott geht dem Menschen nach und bietet sich immer wieder an, auch und gerade da, wo der Mensch gescheitert ist. Gott gibt nicht auf – Gott ist da: »Ich bin der ich bin da.« Der Mensch muss also nicht Gott gehorchen, damit Gott da ist, sondern Gott ist da, was immer auch geschieht.

In diesem Wohlwollen Gottes üben wir das Herzensgebet. Tag für Tag sind wir eingebettet in das Dasein des Urgrundes.

Die Begegnung mit Gott und mir selbst hat immer Konsequenzen. Sie wirkt sich im Alltag aus. Diese Begegnung schafft nicht nur eine Beziehung, sondern es wächst Mitgefühl und Freundschaft, Aktivität und Mitgefühl für alles Leben auf dieser Erde. Meditation – also die Übung des Herzensgebetes – kennt und bewirkt so entgegengesetzte Bewegungen, die gleichsam zusammengehören. Ich nehme mir Zeit für Gott und mich, und diese Zeit der Stille durchwirkt – wie Hefe – den ganzen Alltag.
    Bei Jesus wird deutlich, was ich meine. Wenn Jesus mit vielen Menschen zusammen war, wenn er sich engagierte, wenn er sättigte oder heilte, sprach oder wanderte, dann zog er sich danach in die Stille zurück. Dort war er mit sich und Gott allein, dort war er eins mit dem Urgrund des Lebens – und dazu lädt Jesus ein.
    Wie bei Zachäus geschieht bei mir Veränderung und Verantwortung gegenüber der Mitwelt, sobald ich mich auf den Grund des Lebens einlasse. Der Vorwurf, dass meditierende Menschen sich in die Innerlichkeit zurückziehen, mag im Einzelfall sicherlich zutreffen. Es gehört aber zum Wesen der Kontemplation, im Alltag anwesend zu sein und die Welt – da wo ich bin – ganz konkret zu gestalten: Es geht um die Kinder vor unserer Tür, um meine nächsten Beziehungen, den Armen neben mir, die Einsamen und Traurigen in meinem Bezugsfeld ...

Kontemplation hat ethische Konsequenzen, sonst ist sie keine Kontemplation.

Die Übung des Herzensgebetes führt zum Herzen der anderen Menschen und Geschöpfe.

Chancen und Schwierigkeiten
Lähmung und Fülle – Verlassenheit und Überschwang

In einem Gespräch sagte eine Frau: »Ich spüre nichts mehr. Vor einigen Wochen war ich voller Überschwang, jetzt bin ich wie gelähmt. Ich fühle mich wie in einer Wüste. Mal blüht alles überschwänglich, dann fühle ich in mir eine entsetzliche Trockenheit.«

Ein Mann sagte: »Die letzten Tage habe ich toll (in der Meditation) gesessen, jetzt ist nichts mehr da. Ich bin leer, aber nicht im positiven Sinne, ich bin ausgelaugt, ich bin dunkel. Ich mag gar nicht mehr meditieren.«

Was die beiden Menschen konkret bewegt, kann nur im persönlichen Einzelgespräch geklärt werden. Und doch sprechen aus beiden Äußerungen keine Einzelerfahrungen. Deshalb möchte ich einige Anmerkungen dazu machen:

- Wertvoll ist, sich selbst in den Polaritäten (Fülle und Lähmung) wahrzunehmen, auch wenn dies anstrengend ist. Vor allen Dingen ärgern Sie sich nicht, dass das vermeintlich Schöne nicht mehr da ist. Beide Erfahrungen gehören zum (geistlichen) Leben und sind (meistens) keine Depressionen.
- Trockenheiten, Wüstenzeiten empfinden Menschen oft als Lähmung und als etwas Falsches. Dabei sind diese Zeiten zumeist Klärungs- und Reinigungszeiten. In der Wahrnehmung dieser Zeiten vertiefen sich innere Prozesse. Das gleicht manchmal einem Weg durch einen Tunnel oder ein finsteres Tal. Dabei ist es not-wendend, durch dieses Tal hindurchzuschreiten – egal wie langsam. In dieser Wüstenzeit liegt die Chance der inneren Wandlung.
- Bleiben Sie in der Übung des Herzensgebetes und der Eutonie, es sei denn, in einem Einzelgespräch wird etwas anderes vereinbart. Gerade dort, wo es schwer ist, gewinnt der Brunnen unmerklich an Tiefe.
- Wenn Ihnen das Herzensgebet schwer fällt, sprechen Sie es wieder halblaut oder bewegen Sie die Lippen mit. Legen Sie in der Eutonie (auch einmal eine ganze Woche) den Schwerpunkt auf Kontaktübungen.
- Nehmen Sie bewusst wahr, was Ihnen gut tut. Das Danken hilft Ihnen dabei. Danken Sie innerlich, wenn es sich ergibt (!), auch konkret.
- Suchen Sie, wenn Sie Angst bekommen, klärende Gespräche mit einem geistlich begleitenden Menschen.

Schöpferische Idee
Tönen in der Rückenlage

Diese Übung knüpft an den elften Brief an und ist ein kreatives Experiment. Legen Sie sich in die Rückenlage und sorgen Sie für eine angemessene Spannung. (Sie können alternativ in der Meditationshaltung sitzen oder gut stehen.)

Lassen Sie das Wort »Amen« erklingen. Es ist eines der immer wiederkehrenden Grundworte der christlichen Spiritualität. Das Wort hat in sich Klang. Suchen Sie Ihren eigenen Klang.

Als weitere Anregung ist eine einfache Vertonung (als zweistimmiger Kanon) angefügt. Sie können auch die Melodie tönen und frei variieren.

Viel Freude und gute Überraschungen!

Amen I
T / M: Michael Reimann

14. Brief

Ethische Aspekte des Herzensgebetes

Zur Einstimmung

Wenn nicht jetzt, wann dann? Im Bewusstsein der Stille unmoralisch sein.

HAIKU, ENTSTANDEN IN EINEM SEMINAR MIT JUNGEN MENSCHEN
IN DER EVANGELISCHEN JUGENDBILDUNGSSTÄTTE HACKHAUSER HOF

Ein Kaufmann, der seine geistlichen Übungen im Alltag pflegte und der eine gewisse Tiefe der Praxis erreicht hatte, kam zur seiner geistlichen Begleiterin und klagte: »Weißt du, Mutter, ich möchte ein paar Jahre so leben wie ihr. Ich möchte mich zurückziehen von dieser Welt und die Übung des inneren Gebetes verstärken. Meine umfangreiche Arbeit, mein Wohlstand, meine Planungen und meine Familie lenken mich von Gott ab. Ich bin nie ganz da, wo Gott ist.« Die Frau sah ihn an und sprach: »Aber Gott ist da, wo du in seiner Gegenwart wirkst.«

Sich selbst lieben können und Egoismus unterscheiden sich grundlegend. Der Egoist kann sich selbst nicht lieben und muss deshalb – quasi als Ersatz – alles haben.

Ethische Aspekte des Herzensgebetes

Wir kennen in unserem Leben genug Regeln, um das Miteinander verantwortlich zu gestalten. Aus der biblischen Tradition sind uns die Gebote überliefert und von Jesus wissen wir, dass er keinen Buchstaben dieser Grundregeln zurücknehmen wollte. Er wollte allerdings unseren Blick auf diese Regeln verändern. Er verdeutlichte, dass diese Regeln uns vor uns selbst und anderen schützen sollten.

Mitgeteilt wurden uns diese Regeln und viele andere aber als eine moralische Forderung, die es zu erfüllen galt. Und wer sie nicht erfüllte, so haben wir es vielleicht gehört, war schlecht.

Hören wir es doch noch einmal anders: Wer die Grundregeln außer Acht lässt, wird Schwierigkeiten haben; Mann und Frau werden sich mit den Folgen auseinander setzen müssen und brauchen dann zur Bewältigung der eigenen Nöte viel Energie.

Was hat dies mit der Meditation und dem Herzensgebet zu tun? Wir erleben, dass die Meditation uns verändert und dass wir Hilfen brauchen, mit den Veränderungen umzugehen. Folgendes kann mit uns geschehen:

- In der Meditation öffnen wir uns, aber es fehlt uns mancher Schutz.
- Wir werden ehrlicher zu uns selbst und zu anderen, aber auch verletzlicher.
- Wir werden feinfühliger, aber wir sind auch leichter getroffen.
- Wir werden verantwortlicher, aber wir erkennen auch unsere Grenzen und unsere Ohnmacht.
- Wir werden gefühlvoller, aber wir entdecken die Schmerzen.
- Wir werden unabhängiger, aber wir brauchen die Gemeinschaft und das Getragen-Werden.
- Wir werden illusionsloser, aber wir leiden unter der ungeschönten Wirklichkeit.
- Wir werden engagierter, aber wir nehmen wahr, wenn wir nur noch »machen«.
- Wir erfassen Situationen und Menschen deutlicher, aber wir müssen mit diesen Erfahrungen oft (in uns) allein umgehen.
- Wir drücken uns vor uns selbst und vor unserem Potenzial, aber wir wissen, dass dies nicht heilsam ist.

Der Weg der Meditation beeinflusst und durchströmt unser ganzes Leben. Dies hat Auswirkungen auf unseren Umgang mit anderen Menschen und mit uns selbst.

Das Herzensgebet erreicht uns in jedem Bereich unseres Seins: Es wirkt im Herzen und durchlichtet uns; es wirkt im Körper und richtet uns auf; es wirkt im Kopf und schafft Klarheit aus tieferem Bewusstsein; es wirkt im Bauch und verdaut, was uns belastet; es wirkt auf die Füße und ermöglicht uns einen Standpunkt; es wirkt auf die Hände und schenkt dem Handeln Gerechtigkeit.

Auch unser Wertesystem – also das, was uns im Denken, Fühlen und Handeln bestimmt – tritt in eine Beziehung zum Herzensgebet. Wir brauchen dies, damit wir mit den Veränderungen, die auf dem Wege geschehen, umgehen können. Denn: Ich gehe mit anderen nicht anders um als mit mir selbst, im Positiven wie im Negativen.

Ein Beispiel:
Wenn ich mit mir unzufrieden bin, mir Vorwürfe mache oder mich gerne bestrafe, dann neige ich dazu, mit anderen Menschen ebenso umzugehen. Hierbei meine ich nicht den äußeren, oberflächlichen Umgang. Der kann glatt und wohlanständig sein. Es geht um die innere Einstellung, die innere Haltung und die innere Auseinandersetzung.

Wie gehe ich also mit mir und anderen, wie mit der Schöpfung um? Dies ist die ethische Frage, die mich im Herzensgebet bewegt und die im regelmäßigen Üben ihre Verdeutlichung, also ihre Ausdeutung erfährt.

Dabei gilt es, ein grundlegendes Missverständnis zu vermeiden. Es geht nicht darum, im landläufigen Sinne anständig und gesittet zu sein. Jesus war dies fremd, er erregte Anstoß und passte sich nicht an. Diese Haltung beschreibt der Haiku am Anfang mit »unmoralisch« sein. Jesus setzte sich mit den Verantwortlichen in der damaligen Zeit auseinander und lebte ihnen seine innere Einstellung im Handeln und Heilen, in Worten und Gefühlen vor. Sein ethisches Verhalten war von Liebe und Gerechtigkeit für den Menschen bestimmt. Von daher erzeugte sein Handeln bei den Betroffenen keine Angst, auch wenn er kritisch und deutlich wurde, sondern er stiftete Befreiung und förderte das Leben.

Die Ethik des Herzensgebetes besteht nicht in einer besonderen Leistung oder im moralischen Anspruch an jemanden, erst recht nicht in einer Wertschätzung von Taten, Meditationszeiten und Erfahrungen; dies würde längerfristig nur zu einer Krise führen. Die Ethik besteht vielmehr

- in der eigenen Wahrnehmung und der Wahrnehmung meines Lebensraumes und der Geschehnisse dort;
- in dem Verzicht auf jegliche Bewertung eines Menschen und erst recht auf Verurteilung, weil wir uns sonst in einen zerstörerischen Kreislauf der Anschuldigungen und Rechthaberei begeben (ein immer wieder auftauchendes Missverständnis: diese Haltung vermeidet nicht eine Wertung von Taten und ethische Entscheidungen);
- in der Erkenntnis und Akzeptanz des Wissens, dass zerstörerische Gefühle, wie Hass und Vergeltungsgedanken, dieselbe Wirkung haben wie Taten. Die frei werdenden Energien fressen in der Seele und im Herzen weiter und erreichen ebenso, wie Worte und Taten, die anderen Menschen;
- in der Selbsterkenntnis, dass ich immer beteiligt bin und meine Hände nie in Unschuld waschen kann;
- in der Verantwortung für mein Umfeld. Trotz oder gerade wegen all dieser Aspekte kann ich nicht unkritisch sein, werde ich meinen Mund öffnen und eintreten für die, die es nötig haben. Die Wahrheit bedarf unserer Zunge, aber sie meidet die Verletzung gegenüber dem anderen Menschen und achtet seine Würde;
- in der Übung, also im Engagement im Alltag. Wir fliehen nicht aus der Welt und aus ihren Aufgaben, nicht aus der Partnerschaft, nicht aus der Familie, nicht aus dem alltäglichen Kleinkram, sondern wir tragen das Herzensgebet ohne Worte nach außen in den Alltag hinein und verändern ihn so;
- in dem Wissen, dass ich auch eine Verantwortung für meinen Weg trage. Keiner und keine kann hinter die gemachten Erfahrungen zurück oder sie gar auslöschen. So besteht ein wichtiger Aspekt darin, auch die eigenen Erfahrungen nicht abzuwerten und nicht überzubewerten.

Noch einmal: Dies alles stellt keinen Leistungskatalog dar, kein »so muss ich ab heute sein«. Aufgesetzter Zwang oder ein starres »ich will jetzt so sein« führt nur zur Verkrampfung. Vielmehr erwächst diese innere Haltung auf dem Übungsweg und aus dem Vertrauen zum Urgrund des Lebens. Es entwickelt sich eine geistliche Einstellung, die uns mehr und mehr durchdringt. Diese Entwicklung bedarf der fortwährenden Übung. Es vollzieht sich eine doppelte Übung, die im Laufe der Zeit zu einer Einheit wird: Wir üben das Herzensgebet und wir üben (sind achtsam), nicht zu verurteilen, nicht zu hassen, nicht zu werten, nichts Schädigendes zu tun.

Letztlich bleiben wir immer in diesen Übungen, denn wir bleiben schlicht und einfach Menschen, die sich nur bemühen können.

Chancen und Schwierigkeiten
Das Annehmen eigener Schattenseiten

In der Meditation lerne ich mich besser und besser kennen. Dies führt zur Selbsterkenntnis und ich frage: Wer bin ich? Dabei erkenne ich meine guten und schwierigen Seiten deutlich. Ich mache mir nichts mehr vor und brauche mir nichts vorzumachen. Ich spüre, wie ich geliebt werde und liebe. Ich empfinde mich und entdecke auch meine Schattenseiten.

Es hört sich scheinbar einfach an: Mich annehmen – so wie ich bin.

In der Wirklichkeit, die über das Hören hinausgeht, spüre ich, dass die Annahme ein Prozess ist, aus dem ich gar nicht mehr aussteigen kann. Wer diesen Weg geht und auch gegangen ist, kann nie mehr so tun, als ob ihn oder sie dieser Weg nicht berührt habe. Jeder Schritt auf diesem Weg hinterlässt seine Spuren.

Oft genug aber belastet es uns, die eigenen Schattenseiten anzunehmen. Die eigenen dunklen Seiten zu akzeptieren fällt schwer.

Wir brauchen für unseren Selbst-Wert die Kenntnis unserer Fähigkeiten und den liebevollen Umgang mit unseren Möglichkeiten. Dies ist einsichtig. Genauso brauchen wir aber für unseren Selbst-Wert die Kenntnis und die Annahme unserer Schwierigkeiten, unserer Launen und unserer »heimlichen« Seiten. Doch meistens kommen wir gar nicht auf die Idee, dass uns dies gut tun könnte, weil wir da mit Mahnungen, mit Konflikten oder gar mit Strafen rechnen. Wir kennen viel raffiniertere Strafen als Schimpfen oder Schläge; die größte Strafe ist der Entzug von Liebe und Vertrauen. Allein die Angst davor lässt uns oft davor zurückschrecken, uns selbst besser kennen zu lernen. Wir machen uns lieber etwas vor oder belügen uns. Es bedarf einer großen Einsicht und großen Vertrauens, um die schwierigen Seiten des eigenen Lebens anzusehen und anzunehmen.

Doch kommt uns dies selbst zuerst zugute. Es befreit uns von der Angst, nicht gut genug zu sein, nicht liebens-würdig zu sein, nicht bestehen zu können und nichts wert zu sein.

Wie kann ich aber meine dunkleren Seiten, meine Schattenseiten, annehmen? Der Weg der Meditation kennt dazu folgende Schritte:

- Wahrnehmen, was mich bedrängt und ängstigt. Halt finden in meinem Wort.
- Anschauen (auch im Einzelgespräch), was mir dazu an Bildern, Gefühlen, Erfahrungen begegnet.
- Nicht haften und kleben bleiben an diesen Erfahrungen und Gefühlen.
- Die Schattenseiten und Schwierigkeiten immer wieder anschauen und sich nicht bewerten, sich nicht grollen, hassen und sich nicht verurteilen.
- Immer wieder »das, was hochkommt« durcharbeiten. (In der Tradition gibt es den Hinweis auf das Wiederkäuen. Damit ist gemeint, dass alles so lange »durchgekaut« werden muss, bis wir es körperlich, seelisch und geistig verdaut haben.)
- Wir dürfen uns zugestehen, dass es zum geistlichen Weg gehört, uns selbst zu lieben. Diese Liebe ist nicht mit Egoismus zu verwechseln, sondern diese Liebe gilt mir und ist mir – so seltsam es klingt – geschenkt.
- Und als wesentliche Erfahrung: Ich bin geliebt und angenommen, so wie ich bin – ohne alle Leistung. Ich bin liebens-würdig.
- Daraus erwächst auch die Einübung in ein verändertes Verhalten: Ich achte auf Dinge, die sich ändern dürfen bzw. ändern sollen.

Schöpferische Idee
Stärken und Schwächen Gestalt werden lassen

In der Meditation und im Alltag begegnen Sie sich selbst und nehmen Ihre Stärken und Schwächen wahr. Manche erfreuen sich ihrer Stärken und verachten ihre scheinbaren Schwächen. Wir sind gewohnt, Stärken und Schwächen klar zu beschreiben; wir scheinen oft zu wissen, was unsere Stärken und Schwächen sind. Ein Mandala kann helfen, Stärken und Schwächen nicht als Schwierigkeit, sondern als Chance zu begreifen.

Zu diesem Brief gehört ein fast leeres Mandala bei (S. 137; bitte für diese Übung zweimal kopieren). Betrachten Sie das Mandala. Sie sehen, dass es in vielen Ebenen ein Gegenüber hat. Schreiben Sie in die eine Seite Ihre Stärken und in die andere Seite Ihre Schwächen. Nehmen Sie das zweite Mandala-Blatt hinzu und tragen dort, wo Sie im ersten Blatt die Stärken sahen, die dazugehörigen Schwächen ein. Machen Sie es genauso mit Ihren Schwächen. Tragen Sie auf dem zweiten Blatt die Stärken an die entsprechende Stelle ein. Sie entdecken so die Schwächen der Stärken und die Stärken der Schwächen. Sie können nun noch beide Seiten farbig gestalten.

Kleben Sie nun die beiden Blätter mit der Rückseite aneinander. Sie nehmen nun beide Seiten Ihres Wesens wahr.

Betrachten Sie Ihre Stärken und Schwächen als Einheit. Stärken und Schwächen gehören zusammen. In jeder Schwäche liegt auch großes Potenzial. Die Schwächen beinhalten Ihre Möglichkeiten. In jeder Stärke liegt auch eine Schwäche, die Stärke ist nicht nur stark, sondern hat auch Grenzen und dunkle Seiten.

Es geht nicht darum, Stärken in Schwächen umzutrainieren, sondern den Reichtum der Schwäche zu entdecken. Machen Sie also kein inneres »Bodybuilding«, um neue Stärke einzuüben. Akzeptieren Sie sich selbst – als Einheit von Stärke und Schwäche. Das sind die zwei Seiten der einen Medaille.

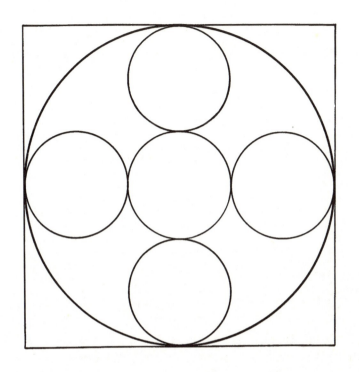

Der Tag bricht an

T: Rüdiger Maschwitz / M: Michael Reimann

15. Brief

Meditation und Alltag

Zur Einstimmung

Der Einsiedler ging wie jeden Morgen durch die Berge zum Brunnen. Er nahm eben den Eimer und schöpfte Wasser, als einige Touristen vorbeikamen.

Sie fragten ihn: »Was machst du hier?«

Er antwortete: »Ich schöpfe Wasser!«

»Nein, du verstehst uns falsch! Was tust du hier in den Bergen?«, erwiderten sie.

»Ich schöpfe Wasser«, blieb seine Antwort.

Die Wanderer schüttelten den Kopf und versuchten es noch einmal: »Warum lebst du hier?«

Der Einsiedler lächelte und wies auf den Brunnen: »Was seht ihr in dem Brunnen?«

Die Besucher beugten sich vor und sahen hinein: »Das Wasser ist von dem Eimer aufgewühlt und unklar. Wir sehen nichts.«

Eine lange Weile schwieg der Einsiedler und bat sie dann, noch einmal in den Brunnen zu sehen.

Die Wanderer wagten einen zweiten Blick, hielten inne und einer berichtete: »Das Wasser ist ruhig geworden und glatt. Es ist so glatt, dass ich mich selbst in dem Wasser erkennen kann. Und wenn ich in die Tiefe schaue, sehe ich den Grund.«

Der Einsiedler nickte: »Genau dies mache ich hier. Ich lebe in der Stille und warte, bis in mir alles ruhig und klar geworden ist. Dann erkenne ich mich selbst. Manchmal aber schaue ich den Grund des Lebens.«

Er nahm seinen Eimer und ging seinen Weg.

Meditation ist Alltag, Alltag ist Meditation

Diese Geschichte beschreibt den Weg und die Übung der Meditation einfach und umfassend. Ich fasse mit dieser Geschichte vieles aus den bisherigen Briefen zusammen.

Für den Einsiedler ist diese Übung – alles kommt zur Ruhe – zum Alltag geworden.

An der Erzählung wird die Verbindung von Alltag und Meditation beispielhaft deutlich.

1. Schritt:
Die Zeit der Übung

Wer in die Meditation geht, braucht Stille. Der Einsiedler nutzt die Stille, damit die inneren und äußeren Bewegungen in ihm zur Ruhe finden. Es findet ein Rückzug statt. In der Meditation ist dies mit der regelmäßigen (täglichen) Übung zu vergleichen. Die Gedanken, die Fantasien und Emotionen tauchen aus der

Tiefe auf und bewegen die Oberfläche. Im Verweilen in der Übung üben wir, dass diese Gedanken, Bilder und Gefühle wahrgenommen und gelassen werden.

Diese Zeit der Übung ist Übung für und im Alltag.

2. Schritt:
Sich selbst begegnen und erkennen

Wenn die Oberfläche sich beruhigt hat, kann der oder die Übende sich selbst wahrnehmen. Der Mensch begegnet sich und erkennt sich. Diese Erfahrung muss nicht in der Zeit der Übung geschehen, sondern kann und darf jederzeit stattfinden. Erkennen heißt hier, dass der Mensch sich so wahrnimmt, wie er wirklich ist. Er sieht sich mit Stärken und Schwächen, mit Licht und Schatten, mit Liebe und Entsetzen. Dieses Erkennen fördert das ganze Leben und ist – mit der Zeit – umfassend.

Dieses Erkennen verändert auch den Alltag des Menschen und leitet für den Alltag Veränderungs- und Wandlungsprozesse ein.

3. Schritt:
Der Mensch begegnet dem Urgrund

In der Geschichte kann der Mensch (manchmal) den Urgrund schauen. Er sieht nicht nur sich, sondern er begegnet dem Urgrund des Lebens. Diese Erfahrung kann sehr unterschiedlich sein und in ihrer Intensität sehr schwanken. Aber in der Meditation öffnet sich der Mensch und lässt sich vom Göttlichen berühren. Auch diese Erfahrung ist nicht auf die Zeit der Übung beschränkt. Im Gegenteil, zumeist geschieht diese Erfahrung mitten im Alltag. Erinnern Sie sich: Der Engel begegnet Maria da, wo sie ist; Mose weidet die Schafe, als er den brennenden Dornbusch sieht.

Das Alltägliche ist sehr oft der Ort der Begegnung mit Gott, genauso wie die Zeit der Übung.

4. Schritt:
Der Mensch geht in den Alltag

Der Einsiedler braucht und sucht die Stille, also die Meditation. Aus dieser Meditation bricht er täglich auf und begegnet den Menschen.

Der Weg zum Brunnen ist das Bild für die Begegnung mit anderen Menschen und Geschöpfen. Stille schenkt also auch den Aufbruch zum anderen. Dieser Aufbruch ist so notwendig wie das tägliche Wasserholen. Auf diesem Weg schöpft der Einsiedler sein Wasser. Dies bedeutet, dass der Einsiedler im alltäglichen Tun Lebensnotwendiges, Stärkendes, Kühlendes findet. Der Gang zum Brunnen symbolisiert den immer wieder neuen und alltäglichen Aufbruch aus der Stille in das Tun.

Bei Jesus selbst finden wir in den Zeiten seines Wirkens die selbstverständliche Einheit von Handeln, Engagement, Begegnung auf der einen Seite und von Zeiten des Gebetes, der Stille und des Rückzuges auf der anderen Seite. Sie sind eins in seinem Leben.

5. Schritt:
Die Begegnung mit anderen Menschen

Der Einsiedler kommt aus der Stille des Herzens und wendet sich den Menschen, die auf dem Weg sind, zu. Er bleibt nicht bei sich. Dieses Bild macht deutlich: Wer aus der Stille kommt, ist offen für die Begegnung.

In der geistlichen Tradition haben auf einer bestimmten Ebene die Hilfe für den anderen und die Bereitschaft, ihm zu begegnen, Vorrang vor den eigenen Bedürfnissen. Manchen Übenden wird dies sicher erschrecken, sucht er doch gerade seine Ruhe. Es geht auch nicht darum, zum allgegenwärtigen Helfer zu werden. Der Schritt in die Ruhe und in das Schweigen führt aber zum Schritt auf den anderen zu. Beispielhaft verhilft der Einsiedler den Wanderern auf dem Weg zu Erkenntnis und Erfahrung. Es geschieht geistliche Begleitung.

6. Schritt:
Die immer währende Übung der Stille

Der Einsiedler kehrt zurück in die Übung, er wandert zu seiner Klause und schon im Wandern wird er wieder ganz bei sich sein. Letztlich verlässt er seine Übung gar nicht, sondern sie durchdringt Alltag und Begegnung.

Und doch braucht auch der Einsiedler seine täglichen intensiven Übungszeiten. Die Übung im Alltag und das alltägliche Üben in der Stille gehören zusammen und bedingen einander. Der Alltag ist und wird zur Übung, die Übung durchdringt den Alltag. Letztlich ist kein Unterschied mehr vorhanden.

7. Schritt:
Aus der Stille aufbrechen

Der Einsiedler wird sich, wie jeder und jede Übende, immer wieder neu auf den Weg machen. So wie der Einsiedler täglich Wasser holt, so ist der Mensch täglich eingeladen, Alltag und Kontemplation zu verbinden.

Zusammenfassung: Meditation ist Alltag, Alltag ist Meditation.

Dabei dient die Übung dem Einübenden zu ungeteilter Aufmerksamkeit und fördert den Rhythmus. Der Wert der Übung liegt im Innehalten und in der Erinnerung: Bleibe allezeit in der Übung. Aber die Übung geschieht im Alltag für den Alltag; dort hat sie ihre Auswirkung.

Die Übung des Herzensgebetes und der Alltag

Zur Erinnerung: Sie sprechen nüchtern und konsequent Ihr Wort. Es durchdringt Sie, wie der Atem Sie durchdringt. Genauso wenig, wie Sie den Atem bedenken, bedenken Sie Ihr Wort. Es wirkt einfach in Ihnen: Ich in dir und du in mir.

- Das Herzensgebet wird in der Übung zum Brunnen. Aus dem Brunnen schöpfe ich.
- Das Herzensgebet ist der Eimer, mit dem ich schöpfe. Der Eimer ist mein eigener kleiner Brunnen, der in den großen Brunnen hinabtaucht.
- Das Herzensgebet ist das Seil, mit dem ich in die Tiefe der Übung hineingehe. Es verbindet Tiefe und Oberfläche, Eimer und Wasser. Es ist der Weg.
- Das Herzensgebet ist das Wasser. Es ist Nahrung, stillt den Durst, erfüllt die Sehnsucht.

Das Herzensgebet im Alltag

Am Beispiel des Herzensgebetes kann deutlich werden, wie Übung und Alltag eins sind. Es bietet sich an, das Wort nicht nur in der konkreten Übungszeit der Meditation zu sprechen, sondern es kann immer in jeder Phase des Alltags gesprochen werden.

Anfangs ist dies vielleicht beim Spülen, Rasenmähen, Autofahren usw. möglich. Das Wort legt sich »unter« die Tätigkeit und mindert die Aufmerksamkeit nicht. Im Gegenteil, die fortwährende Übung im Alltag vertieft die Achtsamkeit. Es wird deutlich: Das Herzensgebet suggeriert nichts, sondern es geschieht in Klarheit, Bewusstheit und Gelassenheit.

Mit der Zeit und nach konsequenter Übung ist das Herzensgebet in allen Bereichen des Lebens anwesend und durchdringt diese Bereiche, ohne dass ich mich besonders darum mühe. Ob in Sitzungen oder Konferenzen, ob in der geistlichen Begleitung oder im Schlaf, ob beim Bügeln oder Unkrautjäten, ob im Schreiben dieses Briefes oder im Ausruhen – das Herzensgebet ist gegenwärtig, ja wir ahnen: Gott ist gegenwärtig – mitten im Alltag.

Es gibt noch eine andere Ebene der Übung im Alltag. Oft passiert es, dass Menschen im Alltag oder in den Zeiten der Übung von ihren Sorgen, Problemen und Ängsten bedrückt werden, manchmal sogar bedrohlich. Sinnvoll ist dann, vertieft in die Übung des Herzensgebetes zu gehen, nicht um zu verdrängen, sondern um erst einmal wieder atmen zu können. In der fortwährenden Übung können die Probleme und Ängste wahrgenommen, ausgehalten, angeschaut und auch geklärt werden. Dies sollte allerdings mit geistlicher Begleitung geschehen. Auch dies macht deutlich, wie eng Übung, Alltag und eigene Lebensgeschichte verbunden bzw. eins sind.

Die Konsequenzen des Herzensgebetes

Wir haben nun zwei Beziehungsebenen zwischen Meditation und Alltag entdeckt:

- Der Alltag ist Übung und die Übung gehört zum Alltag, letztlich ist Meditation Alltag; Meditation und Alltag lassen sich nicht trennen.
- Die Erfahrungen der Übung wirken in den Alltag und sie betreffen den Alltag und umgekehrt; zum Beispiel können lebensgeschichtliche Probleme nicht unberücksichtigt gelassen werden.

Eine dritte Ebene folgt zum Abschluss: Meditation hat Konsequenzen. Wer sich in seinem Leben auf einen Meditationsweg begibt, wird immer durch diesen Weg geprägt sein und innere und äußere Veränderungen erfahren. Die Veränderungen werden nicht nur Mann oder Frau prägen, sie haben gesellschaftliche Aspekte und Auswirkungen.
   Auf drei Punkte möchte ich mich beschränken:

- Einfachheit
- Wahrheit
- Verantwortung

Wer konsequent übt, wird die *Einfachheit* neu zu schätzen wissen. Dabei ist Einfachheit nicht der Verzicht zum Beispiel auf Technik, sondern konkrete, angemessene Bescheidenheit, die aus der Verbundenheit mit der ganzen Schöpfung erwächst. Meditationshäuser, die diese Einfachheit nicht ernst nehmen, werden eher zum Ausflugsort als zum gastfreundlichen Einkehrhaus.

Wahrheit hat viel mit Echtheit zu tun. Nun ist Wahrheit nicht gleich Wahrheit; es gibt barmherzige und brutal verletzende Wahrheit. Wenn zum Beispiel jemand sagt: »Ich kann mit dir nichts anfangen, dich mag ich nicht«, kann dies zwar wahr, aber gleichzeitig eine Abrechnung sein. Wahrheit umfasst eine Haltung des Herzens in Aufrichtigkeit, kennt aber die Liebe. Wahrheit, Barmherzigkeit und Liebe sind vermählt und die Wahrheit aus dieser Verbindung gleicht dem ruhigen Wasser im Brunnen: Der Mensch kann sich selbst erkennen, er entdeckt die Wahrheit selbst und will selbst danach handeln.

Daraus erwächst *Verantwortung* für die konkrete Welt, die uns umgibt. Meditation hat – so sehen wir – ethische Konsequenzen im Leben. Welche Konsequenzen sich ergeben, wird jeder Übende selbst erkennen. Er wird konsequent werden in der eigenen politischen und gesellschaftlichen Verantwortung. Vor allem werden Übende erkennen, dass sie sich im Alltag zugunsten aller Geschöpfe engagieren werden – in der Einheit von Stille und Handeln.

Chancen und Schwierigkeiten
Die Bedeutung des Einzelgespräches

Es gibt zahlreiche Unsicherheiten, die uns auf dem Weg begegnen. Eine Unsicherheit möchte ich heute in den Vordergrund stellen: Wie gehe ich mit meinen Erfahrungen um und wie vermeide ich, dass ich Illusionen, Träumen und unnützen Selbsteinschätzungen nachfolge?

Einige Beispiele zum besseren Verständnis:

- Sie sitzen gut und intensiv und sehen in Ihrem Sitzen viele angenehme Vorstellungen. Sie lassen Fantasie zu, ohne es deutlich zu merken. Die Zeit vergeht beim Sitzen zügig, Sie erleben etwas, aber Sie sind nicht in der Meditation Ihres Wortes.
- Sie verbinden Ihr Wort mit dem Atem und beeinflussen den Atem. Sie gehen in die Brustatmung und spüren diesen oberen Körperbereich. Es entstehen Schmerzen und Sie halten dies für Empfindungen, die dazugehören (etwa für eine größere Bewusstheit).
- Sie entdecken Zusammenhänge aus Ihren Lebenserfahrungen, die erst einmal bearbeitet werden müssen, da Sie im Sitzen immer wieder mit derselben

»Geschichte« konfrontiert werden. Welche Aspekte hat diese »Geschichte«? Verbinden sich geistliche Grundfragen (zum Beispiel nach dem Sinn) mit lebensgeschichtlichen Kindheitserfahrungen? Geht es um mein Mann- und Frau-Sein usw.?

Es ist möglich, viele dieser Erfahrungen selbst zu bearbeiten. Dabei kann es aber auch geschehen, dass Sie harmonisieren oder wegschauen, dass Sie überbewerten oder dass die Richtung Ihrer Verarbeitung manche Aspekte überbetont und andere vernachlässigt. Vielleicht sind Sie auch zu streng.

Damit Sie nicht allein mit diesen Fragen und Erfahrungen bleiben, sehen viele Seminare, Tagesveranstaltungen oder auch Meditationsabende das Angebot kurzer Einzelgespräche vor. Diese Gespräche sind keine Therapie, sondern dienen der Klärung jetzt anliegender Aspekte. Manchmal liegen Listen aus, in die Sie sich für Einzelgespräche eintragen können, manchmal müssen Sie auf die Verantwortlichen zugehen.

Nach meinem Verständnis gehören Einzelgespräche zum Angebot eines Seminars, sind aber noch keine kontinuierliche Begleitung. Über Begleitung erfahren Sie mehr im 19. Brief.

Das Einzelgespräch hat nur die Aufgabe, Sie in diesem Augenblick in Ihren Erfahrungen zu begleiten, damit Sie diese selbst einordnen, verarbeiten, anfragen und vertiefen können.

Haben Sie den Mut, auf ein Einzelgespräch zuzugehen. Es fördert auch die Verantwortlichen für das Seminar. Sie wissen dann, womit die Teilnehmer und Teilnehmerinnen in einer Gruppe beschäftigt sind und können dies in den weiteren Ablauf einbeziehen.

Schöpferische Idee
Hören üben

Die Übung ist einfach und bedarf keiner großen Mühen und Vorbereitung. Ihr Gewinn steht in keinem Verhältnis zum Aufwand.

- Setzen Sie sich vor ein offenes Fenster oder in den Garten oder gehen Sie durch einen Park oder Wald spazieren und hören Sie den Klang des Lebens. Richten Sie Ihre Aufmerksamkeit auf das Hören und nehmen Sie alles an, was zu Ihnen hereinkommt. Im Hören öffnen Sie sich dem Leben um Sie herum, nehmen Anteil, werden ein Teil davon. Lassen Sie sich Zeit, mit der Zeit kommen Sie zur Ruhe. In dieser Übung können Sie gut im Herzensgebet verweilen.
- Mit der Familie oder mit anderen Menschen können Sie diese Übung erweitern. Merken Sie sich das Gehörte und tauschen Sie sich aus. Mit Kindern können Sie daraus ein Spiel (Kimspiel) machen. Vielleicht haben Sie Zeit zu schönen Hörspaziergängen.

16. Brief

Das Bild hinter dem Bild

Zur Einstimmung

Vater Johannes stand vor einem Bild – einer Ikone Jesu – und betrachtete es intensiv. Lange Zeit blieb er still stehen. Ein Freund wurde ungeduldig und fragte: »Was fasziniert dich so?«

Vater Johannes antwortete: »Ich sehe durch das Bild hindurch.«

Der Freund stellte sich vor das Bild und versuchte, hinter das Bild zu schauen. Er konnte sich noch nicht einmal die Rückseite des Bildes vorstellen.

Vater Johannes schüttelte den Kopf: »Nicht so. Schau von hinten durch das Bild. Schaue durch das Gesicht Jesu. Schaue durch seine Augen, atme durch seine Nase, sprich durch seinen Mund, höre durch seine Ohren.«

Schweigen umgab sie.

»Und nun?«

Der Freund flüsterte: »Ich sehe dich, ich sehe die Welt, ich sehe und rieche das Leid, ich schmecke die Freude …«

»Siehst du wirklich etwas?«

»Nein, es ist kein Bild da. Es ist alles da!«

Über den Umgang mit inneren und äußeren Bildern

In der Meditation des Herzensgebetes, in der eutonischen Übung, in Träumen begegnen Ihnen immer wieder Bilder, Fantasien, Vorstellungen. Oft sind diese Bilder viel eindrücklicher als Worte und Gedanken. Die Bilder erzählen, rufen Vergangenes in uns wach, erinnern uns, wecken Perspektiven, erfreuen, schmerzen.

An der Aufzählung merken Sie, Bilder sind nicht eindeutig und sie wollen es gar nicht sein. Sie drücken Erfahrungen und Hoffnungen aus. Wer hat sich noch nicht aus einer Situation weggeträumt? Wer hat nicht Bilder aus früheren Zeiten vor dem inneren Auge?

Gerade diese beiden Seiten von Bildern – das Sich-Wegträumen und In-die-Erinnerung-Hineingehen – zeigen die Stärken und Schwächen der Bilder. Bilder laden uns ein, ganz leicht aus der Gegenwart auszusteigen, also nicht gegenwärtig zu leben.

Vielleicht sagen Sie: »Na und? Muss ich denn immer gegenwärtig sein?«

Die Meditation lädt ein, in den Augenblicken der Übung ganz in der Gegenwart zu sein: Gott ist gegenwärtig.

Das Wort Ewigkeit beschreibt die Gegenwart Gottes, und gegenwärtig kann Gott nur im Hier und Jetzt sein. Alles andere ist gewesen und die Zukunft ist noch nicht da.

Letztlich sind Vergangenheit und Zukunft nur Bezeichnungen und Deutungen der Menschen. Sie sind Realität und Illusion gleichzeitig. Wir beschönigen oder verdrängen gerne die Vergangenheit und malen uns die Zukunft nach unseren Ängsten oder Wünschen aus.

Die Einladung zur Meditation ist eine Einladung, ganz und gar da zu sein, wo ich bin.

Dies ist die Grundübung der Meditation.

Sie entdecken in dieser Übung immer intensiver, dass der Alltag Gegenwart ist und nur gegenwärtig gelebt werden kann. Wenn Sie das Wort »Sorget nicht um den nächsten Tag« (Matthäus 6,25ff.) als eine Einladung zum gegenwärtigen Leben verstehen, werden Ihnen manche Mühen und Lasten leichter.

Zurück zu den inneren und äußeren Bildern. Bilder sind hilfreich zur Klärung, zur Strukturfindung, sie weisen auf das Geheimnis hin, aber sie sind nicht selbst das Geheimnis. Bilder gehören zum Leben und fördern das Leben, aber sie sind nicht das Leben selbst und auch kein Lebensersatz.

Ein Beispiel:
Ein Mann erzählt von seiner täglichen Meditation: »Ich sehe so viele tolle Bilder in mir, ein Bild ist schöner als das andere.« Er ist begeistert. Ich frage ihn: »Sind dies Bilder aus deinem Leben? Fördern sie dich, hindern sie dich?« Der Mann hält inne und schweigt eine Weile und äußert: »Mein Leben ist ganz anders. Ich glaube, diese Bilder sind meine Sehnsucht oder auch ein Ersatz.«

Diese Erkenntnis hat ihn gefördert und den Wert, aber auch die Grenzen von Bildern aufgezeigt. Er übte, die Bilder wahrzunehmen, sie zu verstehen und zu klären, und dann übte er immer wieder neu, die Bilder sein zu lassen.

Die Bilder sind nicht das Letzte und Wesentliche, so heilsam sie sein können.

»Mach dir kein Bild von dem Urgrund des Lebens.« Dieser Hinweis aus der jüdischen Tradition lädt uns ein, für die Erfahrung des Geheimnisses – für Erfahrungen mit Gott – offen zu sein, transparent zu bleiben.

Genau deshalb, um offen zu sein für das Geheimnis, benennt die jüdische Tradition Gott nicht. Der Urgrund des Lebens wird sich nicht vorgestellt, nicht beschrieben, nicht ausgesprochen. Was und wer uns trägt, das soll der Mensch offen, wie eine voll entfaltete Blüte, erfahren.

Alle Bilder sind nur Festlegungen, Fantasien, Gelerntes ... und letztlich auch einschränkend und eng. Wir erwarten dann in der Meditation – genauso wie im Alltag – die Erfüllung oder Bestätigung eines Bildes. Und dies behindert den (übenden) Menschen, denn das Göttliche begegnet jedem Menschen unvorstellbar und einzigartig.

In der Meditation gilt es also, alle Gottesbilder, alle Gottesvorstellungen hinter sich zu lassen, sie zu durchschreiten, um für das Dasein Gottes ganz da zu sein.

Dies meint sowohl die ängstigenden als auch die ermutigenden Gottesbilder. Es kann letztlich nicht darum gehen, katastrophale Bilder von Gott gegen heilsamere Bilder auszutauschen. Bild bleibt Bild, auch wenn heilsamere Bilder selbstverständlich hilfreicher und förderlicher als Angst machende Bilder sind.

In der Meditation geht es also nicht um Bilder von Gott, sondern um heilsame Erfahrungen mit dem Urgrund des Lebens. Trägt mich der Urgrund des Lebens wirklich und gibt es ihn? Oder zugespitzt: Ist Gott hinter den Bildern anwesend und begegnet er mir? Oder ist Gott eine Illusion, ein vielleicht ganz nützliches Bild oder eine brauchbare Idee?

Antworten auf diese Fragen wird jede Frau und jeder Mann nur in der eigenen geistlichen Erfahrung und Begegnung finden.

Warum arbeite ich, wenn wir alle Bilder zurücklassen sollen, nun trotzdem mit inneren Bildern, mit Imaginationen und Fantasiereisen, Mandalas (derzeit eher selten, wegen des unreflektierten Mandalagebrauchs) und Träumen? Liegt hier nicht ein Widerspruch vor?

Wir sind Menschen, die von Bildern leben – und dies ist gut so. Die ganze geistliche Tradition kann oft Entscheidendes leichter und fassbarer in Bildern aussagen, damit sich der Mensch dem Wesentlichen annähern kann. Jesus erklärt das Reich Gottes, also die Präsenz und den Reichtum Gottes, in Bildern, und diese Bilder verdeutlichen das Gemeinte fast immer treffender und kürzer als die vielen späteren erklärenden Texte.

Bilder sind Wegweiser auf dem Weg, darum werden sie einbezogen. Aber sie sind nicht der Weg selbst, den wir gehen.

Träume und innere Bilder

Erfasste und verstandene Träume bzw. innere Bilder klären die eigene Lebenssituation und helfen, Vergangenes und Erlittenes – nach der Klärung – loszulassen. Sie befreien durchaus von Altlasten. Dies tut gut, auch wenn es schmerzt. Deshalb arbeite ich gerne mit inneren Bildern und Träumen – sie schenken Entlastung, neue Freiheit und regen Versöhnungsprozesse an. Sie enthalten Weisheit und können Weisung sein. Oft genug erlebe ich, wie Menschen wieder neu durchatmen können, wenn die alten Bilder abgelegt werden.

Das Mandala

Auf eine andere Weise begegnet uns das Mandala. Das Mandala stellt ein verdichtetes Bild dar. Es ist leer und gibt Raum zur Selbstgestaltung und zur Selbsterfahrung. Das Mandala vermeidet in seiner Grundform die bildhafte Darstellung und erfasst die Grund- und Ordnungsstruktur des Lebens, der Schöpfung.

Das Mandala kann, wie die Ikone, Ausdruck des inneren Geschehens werden. In dieser Neuausgabe habe ich die Anregungen zu Mandalas reduziert, weil Mandalas in der Praxis oft gedankenlos »zum Bildchen-Ausmalen« eingesetzt wurden. Damit wurde ihre Substanz, ihre Tiefe und ihr ordnendes und heilsames Potenzial missbraucht.

Mandalas finden sich in der Natur als Schöpfungsstrukturen. Schneiden Sie eine Zitrone oder Tomate auf, sehen Sie sich die Baumscheibe, die Blume und den quer geschnittenen Apfel an – sie alle spiegeln Mandalas.

Setzen wir die Entdeckung des Mandalas mit einer einfachen Anregung fort: Nehmen Sie sich ein größeres leeres Blatt Papier. Malen Sie einen großen Kreis oder ein Viereck und gestalten Sie den Raum von außen nach innen – möglichst symmetrisch. Lassen Sie sich dabei von innen heraus führen. Wahrscheinlich entsteht so ein Mandala.

Nun zu Mandalas, die zum Malen und Gestalten geeignet sind: Wenn Sie eine Mal-Vorlage intuitiv auswählen, wählen Sie zumeist eine Struktur, die Sie fördert. Die Ordnungsstrukturen des Mandalas wirken, solange es selbst ausgewählt wurde, ordnend und heilsam auf die eigenen Strukturen. Im Malen und Gestalten zeigt sich die Auswirkung der Grundstruktur des Mandalas auf den Malenden. Dies ist der Reiz und das Potenzial des Mandalas.

Darüber hinaus können Mandalas gelegt, visualisiert, gepflanzt, geschritten, getanzt ... werden.
In der geistlichen Tradition ist immer bewusst gewesen, dass das Mandala zum Zentrum und damit zum Sinn des Lebens hinführt. »Gott ist in der Mitten«, also im Zentrum des Lebens. Diese Liedzeile Tersteegens findet im Mandala ihre Entsprechung, ihren Ausdruck und ihre Praxis.

Im Gestalten eines Mandalas ordnen und strukturieren die Menschen sich nicht nur, sondern sie gehen immer wieder auf die Mitte zu bzw. kommen von der Mitte her. Dieser Prozess ist nicht nur symbolisch zu verstehen, sondern er geschieht. Mandalas führen damit zum Grund der Schöpfung; sie sind symbolische und verdichtete Bilder der Schöpfung.
Für die Meditationspraxis kann dies bedeuten:

- Sprechen Sie Ihr Wort so, dass es Mandala-Charakter hat, d.h., dass es zur Mitte führt und von der Mitte kommt.
- Das Wort des Herzensgebetes nimmt Gestalt an.

- Gestalten Sie aus Ihrem Wort ein Mandala, ein Wortbild. Dazu können Sie es z.B. immer wiederholend als Spirale von innen nach außen und auch umgekehrt von außen nach innen schreiben.
- Bei Klärungsprozessen kann das Mandala helfen, innere Vorgänge auszudrücken und zu erfassen.

Die Ikone

Beim klassischen »Ikonenschreiben« verweilt der Maler im inneren Gebet, meist in der Meditation des Herzensgebetes. Er ist also in einer inneren Haltung, die offen ist für den Urgrund des Lebens. Aus dieser Haltung heraus gestaltet der Maler bzw. die Malerin – nach einer selbst ausgewählten und tradierten Vorlage – in einem längeren Prozess die Ikone. Dieser Prozess vollzieht sich wiederum mindestens auf zwei Ebenen:

- Der Malende begegnet sich selbst mit allen Licht- und Schattenseiten, die sich auch in den Farben und ihrer Intensität ausdrücken. Der eigene Meditationsprozess bzw. das Eigene des Malenden kommt im Bild zum Vor-Schein und wird mit zunehmender Klärung transparenter.
- Die zweite Ebene führt zur fortwährenden Begegnung mit dem Göttlichen. Oder anders gesagt: Im Malen wirkt das Geheimnis bzw. wird das Geheimnis des Göttlichen als Erfahrung hinter dem Bild sichtbar.

Der Betrachter einer Ikone wird – von diesem Bild hinter dem Bild – angesprochen, es entsteht eine Beziehungsebene zwischen dem Betenden vor der Ikone und dem Betenden, der die Ikone »geschrieben« hat.

Für den oder die Malende ist der Gestaltungsprozess ein Meditationsweg. In der christlichen Tradition ist das Malen einer Ikone gleichsam der Ausdruck des inneren Weges.

Die Erfahrungen des inneren Weges können im Ikonenschreiben »verdaut« werden. Sie werden ausgedrückt, verändern sich im Festhalten und werden nach außen sichtbar. Ikonen sind letztlich also nicht Bilder, sondern verdeutlichen das Geheimnis.

In gewissem Sinne sind Ikonen auch eine Form des künstlerischen Ausdruckes, der unabdingbar zum Meditationsweg hinzugehört.

So paradox es klingt: Wir können Bilder und Vorstellungen, Fantasien und Tagträume erst sein lassen, wenn wir sie gesehen haben und nach dem »Bild hinter den Bildern« schauen.

Die protestantisch-reformatorische Mahnung, sich kein Bild zu machen, ist dann hilfreich, wenn ebenso erfasst wird, dass die Bilder ein notwendiges und heilsames Zwischenstadium sind, das nur der hinter sich lassen kann, der auf die Ebene hinter den Bildern vorbereitet ist. Ein Verzicht auf Bilder ist doppelt töricht:

- Sie sind Wegweiser, die durch nichts zu ersetzen sind.
- Eine bildlose Religion, im Sinne einer Bilder nicht durchschreitenden Praxis, erzeugt leicht eine abstrakte, verkopfte und einseitig gedachte Theologie. Sicherlich liegt in einer solchen theoretischen Theologie einer der Gründe für erstarrtes und lebloses Christentum.

Zusammenfassend lässt sich sagen: Letztlich bleiben Bilder, auch das Mandala und die Ikone, ein Wegweiser für den geistlichen Weg. Sie sind nicht selbst der Weg. Sie sorgen vielleicht sogar, wie das Mandala, für eine Harmonisierung des ganzen Menschen, aber sie sind nicht selbst das Ziel.

Chancen und Schwierigkeiten
Die fördernden Bilder, der Durchgang durch die Bilder und die Gefahr der Illusionen

Bei einem Schweigekurs arbeitete ich intensiv mit seelischen Grundbildern. Einer Frau tat dies sichtlich gut. Nach fünf Tagen lud ich sie ein, die Bilder zurückzulassen und bildlos ins Schweigen zu gehen. Die Frau war empört und rief: »Nein, ich will die positiven Bilder behalten. Ich habe etwas entdeckt, was mir gut tut. Das gebe ich nicht auf.«

Eine andere Frau fragte in einem Ikonenkurs: »Warum soll ich meine Ikone loslassen, wenn sie mich bis hierher begleitet hat?«

Es wird deutlich: Bilder bergen Chance und Schwierigkeit. Und gerade innere Bilder, Träume, Ikonen und Mandalas beinhalten große Tiefe und vertiefen den geistlichen Prozess. Die Schwierigkeit erwächst nur dort, wo die Bilder – auch wenn sie noch so wohltuend sind – zu einem »Magnet« werden. Die Menschen haften an ihnen und sind nicht mehr frei für weitere Erfahrungen in der Meditation *und* in ihrem Leben. Sie wünschen sich immer schöne Bilder.

Meist wird dieser Zustand überwunden und durchschritten, wenn deutlich wird, dass es nicht nur positive Bilder, sondern ebenso erschreckende und bedrohliche Bilder gibt. Manchmal aber wirken Bilder wie eine Sucht: Ich mache mir meine Träume und möchte in ihnen leben.

Die Meditation fördert diesen Zustand und dieses Verlangen nicht. Sie benennt diese Haltung als Illusion. Sie weiß, dass ein Leben in Illusionen und Tagträumen ein schmerzliches Erwachen beinhaltet oder ein lähmendes Versinken zur Folge hat. Meditation fördert stattdessen Wachheit und Aufmerksamkeit und führt zur Nüchternheit statt zum Schwelgen in Bildern.

Für viele bedeutet es wirklich einen Verzicht, Bilder wieder aufzugeben; aber im weiteren Weg wird deutlich, wie viel Freiheit im Loslassen der Bilder liegt. Der Alltag macht dies deutlich: Wer in seinen Tagträumen verweilt, gestaltet nicht das Leben, sondern wird gestaltet. Leicht wird der Mensch zum Knecht seiner Fantasien. Die Meditation sucht hier die Unabhängigkeit und die Mündigkeit des Menschen zu fördern.

Schöpferische Übung
Ein Kreistanz als Meditations-Übung

Im sechsten Brief habe ich Sie eingeladen, sich im freien Tanz auszudrücken. Eine andere Form ist das meditative Tanzen. Üben Sie zu einer Melodie einfache Schritte, die sich im Kreistanz immer wiederholen. Natürlich ist solch ein Tanz eigentlich für eine Gruppe gedacht, aber Sie können auch – als intensive Meditationspraxis – allein tanzen.

Gut geeignet für meditative Tänze sind die kurzen Lieder aus Taizé. Sie können sich eine CD kaufen oder die Lieder singen. Geeignet ist z.B. die CD »Neue Gesänge aus Taizé« (Christophorus). Die Lieder sind mit Noten und Hörbeispielen auch auf der Homepage der Gemeinschaft von Taizé zu finden: www.taize.fr

Sie können aber auch selbst singen. Ich schlage dazu ein Lied vor, das auch als Wort für das Herzensgebet geeignet ist:

Du

T / M: Rüdiger Maschwitz; Satz: Elisabeth Schubarth

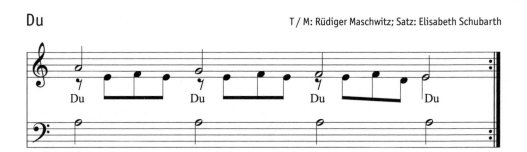

Zum Singen und Klingen

Dieser Liedruf ist einfach und klingt gut. Oft genug tönen und klingen beim Singen der Melodie nach einer kleinen Weile weitere Stimmen in der Gruppe mit. Mal bildet sich ein Bass, mal eine improvisierte jazzähnliche Linie, mal bleibt es mehrstimmig getragen.

Dieser Liedruf lädt also auch zum Tönen und Variieren ein. Für alle, die ein festes Klangbild bevorzugen, ist oben ein kleiner, einfacher Satz mit zwei weiteren Stimmen notiert.

Zum Bewegen und Tanzen

Die Schrittfolge ist sehr einfach:

Variante 1:

Beim ersten Singen der Liedes gehen Sie auf der Kreislinie vier Schritte nach rechts und stehen am Ende mit beiden Füßen parallel nebeneinander.

Beim nächsten Wiederholen der Liedzeile gehen Sie vier Schritte nach innen und stehen mit beiden Füßen wieder parallel. Die Hände heben sich beim Nach-innen-Gehen.

Beim weiteren Singen des Liedrufes gehen Sie nun auf der inneren Kreislinie vier Schritte nach rechts und stehen am Ende mit beiden Füßen parallel nebeneinander. Die Hände senken sich.

Danach gehen Sie zu dem Liedruf vier Schritte nach außen und stehen mit beiden Füßen wieder parallel.

Sie setzen den Tanz entsprechend fort, Sie tanzen im Prinzip einen Kreis der Sie zur Mitte führt, dort auf der inneren Kreislinie verweilen Sie, das Leben führt Sie wieder aus der Mitte heraus und zurück auf die äußere Kreislinie. So ist Ihnen das Du mal näher, mal ferner. Dieser kleine Tanz mit der einfachen Melodie symbolisiert so ein wenig den Meditationsweg.

Bitte beachten Sie: Beginnen Sie den Tanz bei jedem Liedruf mit dem rechten Fuß!

Variante 2:

Gehen/Tanzen Sie beim ständigen Singen des Liedrufes eine *Spirale*: Sie beginnen im Kreis, fassen sich an den Händen und singen einige Male den Liedruf, bis er »klingt«. Der Verantwortliche/Leitende löst seine rechte Hand vom Nachbarn und geht im Rhythmus des Gesanges in immer enger werdenden Kreisen (Spirale) zur Mitte hin. Die Teilnehmenden stehen schließlich in einer Spirale eng beieinander in der Mitte und singen weiter.

Nach dem Verweilen und dem Hören des gemeinsamen Gesanges führt der Leitende die Gruppe wieder in immer größer werdenden Kreisen zurück. Dabei wird die Spirale »nach außen getanzt«. (Deshalb die Spirale vorher nicht zu eng schließen, damit Platz für den Rückweg bleibt.)

Am Ende stehen alle mit dem Gesicht nach außen im Kreis. Um dies aufzulösen und zu ändern, führen Sie die Gruppe einmal in einer Kehrtwendung durch den Raum in den Kreis zurück. Alle sehen sich nun wieder an.

Hinweise zum Ikonenmalen

Vielleicht interessieren Sie sich nach diesen Ausführungen für das Ikonenmalen. Beginnen Sie, sich Ikonen anzuschauen, und suchen Sie in Meditationszentren nach Kursen, in denen Ikonenmalen als geistlicher Weg angeboten wird.

Warten Sie, bis eine Ikone Sie anspricht, und begeben Sie sich dann langsam und prozessorientiert an das Malen. Beginnen Sie bitte unter Begleitung in einem Kurs. Ikonenmalen will als eigene Technik erlernt sein.

Literaturhinweise

Maria Giovanna Muzj, Ganz Auge, ganz Licht, ganz Geist, Echter Verlag, Würzburg 1989
Guillem Ramos-Poqui, Wie male ich Ikonen richtig?, Edition Fischer, Berlin, 4. Aufl. 2004

Auch die Ausführungen im Abschnitt »Das Mandala« verweisen auf schöpferische Übungen.

17. Brief
Erfahrungen – Phänomene – Geheimnisse

Zur Einstimmung

»Wenn ich drei Apfelsinen sehe, muss ich jonglieren. Und wenn ich zwei Türme sehe, muss ich gehen.« Diese beachtlichen Worte stammen von dem Seiltänzer Philippe Petit; sie sind die Antwort auf die Frage der Polizei, aus welchem Grund er morgens um 7.50 Uhr über das Seil gegangen sei, das mit einer Armbrust von einem Turm des New Yorker Welthandelszentrums zum anderen geschossen worden war.

Heute habe ich immer wieder über diesen prächtigen Mann, Philippe Petit, nachgedacht: Seine Antwort an die Polizei ist unbezahlbar. Auf jede noch so unmögliche Frage wollen wir eine Antwort haben. Warum liebst du sie? Im Allgemeinen ist jede Antwort auf eine solche Frage lächerlich. Weil sie hübsch ist? Weil sie intelligent ist? Weil sie einen so lustigen Pickel auf der Nase hat? Nichts davon ist besonders sinnvoll. Warum sind Sie Priester geworden? Weil Sie Gott lieben? Weil Sie gerne predigen? Weil Sie Frauen nicht leiden können? Warum sind Sie Mönch geworden? Weil Sie gerne beten? Weil Sie Stille lieben? Weil Sie gerne Brot backen, ohne dabei gestört zu werden? Es gibt einfach keine Antworten auf Fragen dieser Art.

Als sie Philippe Petit fragten, dachte jeder, er tue es für Geld, zur Werbung oder aus Ruhmsucht. Aber er hat gesagt: »Wenn ich drei Apfelsinen sehe, muss ich jonglieren. Und wenn ich zwei Türme sehe, muss ich gehen.«

Den wirklich sinnvollen Antworten schenken wir keinen Glauben. Wir nehmen lieber an, der Mann müsse geisteskrank gewesen sein. Aber es hat sich bald herausgestellt, dass Philippe so gesund wie nur irgend möglich war.

Er hat die einzig richtige Antwort gegeben. Warum lieben Sie sie? Als ich sie gesehen habe, habe ich sie einfach geliebt. Warum sind Sie Priester? Weil ich Priester sein muss. Warum beten Sie? Weil ich nicht anders als beten kann, wenn ich Gott vor Augen habe. Es gibt ein inneres »Müssen«, ein inneres Gedrängtwerden oder einen inneren Ruf, der all diese Fragen beantwortet, die man nicht erklären kann. Genauso wenig geben uns Kinder eine Erklärung, wenn wir sie fragen: »Warum spielt ihr Ball?« Sie wissen, dass es darauf keine Antwort gibt, außer: »Wenn ich einen Ball sehe, muss ich damit spielen.«

Die Polizisten schienen das einzusehen; denn sie ließen die ursprüngliche Anklage fallen, und Philippe musste dafür versprechen, seine luftigen Kunststücke den Kindern im Central Park vorzuführen. Ich sage mir indessen immer wieder: »Wenn ich drei Apfelsinen sehe, muss ich jonglieren. Und wenn ich zwei Türme sehe, muss ich gehen.«

HENRI NOUWEN, ICH HÖRTE AUF DIE STILLE
© VERLAG HERDER, FREIBURG IM BREISGAU, 1. AUFLAGE 2004

Erfahrungen – Phänomene – Geheimnisse auf dem Weg

Fast alle Menschen, die länger und kontinuierlich meditieren, machen Erfahrungen, die ihr bisheriges Weltbild verändern. Sei es, dass sie die eigene Innenwelt neu und anders erfahren, sei es, dass sie die Außenwelt anders wahrnehmen.

Erfahrungen auf dem Weg

Diese Erfahrungen sind Wirklichkeiten auf dem Meditationsweg. Sobald wir Übenden dies akzeptieren, können wir leichter mit neuen Dimensionen des Lebens umgehen. Ich kenne zahlreiche Menschen, seien es Mathematiker, Computerfachleute, Therapeutinnen, Techniker, Krankenschwestern, denen die Meditation die Augen nach innen und außen geöffnet hat. Es bedurfte einiger

Gelassenheit und Anstrengung, um diese Veränderungen und manchmal auch Erschütterungen zu akzeptieren, durchzuarbeiten und zu integrieren. In der Übung und im Alltag gibt es Erfahrungen einer anderen Wirklichkeit, egal wie ich diese Wirklichkeit benenne. Ich kann sie das Numinose, Transzendente, Göttliche oder auch den Urgrund des Lebens, höchste Bewusstheit oder Christus-Bewusstsein nennen.

Die Benennung spielt erst einmal keine Rolle, sondern hängt von dem Menschen ab, der die Erfahrungen gemacht hat und dann aussprechen und deuten will. Erfahrung ist immer persönlich und damit subjektiv. Erst im Vergleich der Erfahrungen gibt es einen ersten Anhaltspunkt, der uns Allgemeineres über die Erfahrung sagen lässt. Hier beginnt auch Wissenschaftlichkeit und Empirie, also vergleichende Forschung. Wenn tausend Meditierende über ihre Erfahrungen Ähnliches mitteilen, wenn ihre Alpha-Wellen im Gehirn während tiefer Meditation sehr ähnlich sind, dann werden Erfahrungen Einzelner verallgemeinerbar und zu Erkenntnissen.

Aber dies ist nur die eine Seite der Erfahrung. Erfahrung ist nicht aus sich selbst heraus richtig oder falsch, wertvoll oder unwichtig. Erfahrung bedarf der kritischen Reflexion, der Durcharbeitung und der Bewusstheit. Erst dann wird sie für den weiteren Weg förderlich.

Dies liegt an einem einsichtigen Faktum. Jede Erfahrung enthält lebensgeschichtliche, also höchst persönliche Aspekte. Und die Deutung der Erfahrung hat dies zu berücksichtigen. Darüber hinaus birgt sie Aspekte, die über die Person – also über ihre Lebensgeschichte – hinausweisen und auch auf keinen Fall von der Lebensgeschichte abhängig sind.

Nun machen Menschen in der Meditation so unterschiedliche Erfahrungen, dass ein ganzes Buch damit gefüllt werden könnte. Dem einen begegnen Engel, anderen Geistwesen, wieder andere sehen Licht, weiteren begegnet ein Heiliger oder Maria, Buddha oder Christus. Erstaunlich, so meine Beobachtung, dass, sobald über diese Erfahrungen gesprochen wird, die Menschen, die zuhören, oft solche Erfahrungen haben wollen, die gerade Mode sind. Mal herrscht eine Sehnsucht nach Engelerfahrungen, mal nach Maria oder Christus oder nach einem anderen Wesen vor. Mir hilft bei all diesen Erfahrungen eine geistliche Regel: Was auch immer dir begegnet, begrüße es (nimm es wahr) und lasse es ziehen. Es ist selten das Wesentliche. Werte es nicht auf, werte es nicht ab. Hafte nicht daran. Außerdem, wenn du selbstkritisch bist, dann weißt du in deinem Inneren, was wirklich wichtig ist.

Phänomene

Ich habe neben dem Wort Erfahrungen den Ausdruck »Phänomene« eingeführt. Was verstehe ich unter Phänomenen?

Das Wort Erfahrungen benutze ich in einem umfassenden Sinne für sich einprägende – oft unerwartete – Ereignisse, die den Menschen berühren und auch erschüttern können. Phänomene sind Aspekte von Erfahrungen, wie zum Beispiel Erscheinungen, Wahrnehmung der Energiefelder im Sitzen, Kundalini-Erfahrungen, heiße Hände, Auflösung der Körpergrenzen, Schwerelosigkeit als Körpergefühl oder plötzliches Weinen ... Es gibt diese Phänomene und noch viele, viele mehr.

Mir drängt sich in unserer oft so sinnentleerten gesellschaftlichen Situation die Frage auf, ob hinter dieser Suche oder auch Sucht nach Phänomenen nicht eine tiefe Sehn-Sucht wirkt, die dem einzelnen Leben Sinn und Wertvolles verleihen soll. Wer Teil hat am »unerschaffenen Licht«, fühlt sich selbst wertvoller.

Nur – war es jenes unerschaffene Licht oder war es eine Projektion, also ein selbst erzeugtes Fantasiegebilde? Und erfolgt auf diese Projektion, die damit Illusion ist, nicht eine noch größere Enttäuschung oder gar ein seelischer Absturz?
Hier wird deutlich, wie wichtig geistliche Begleitung ist.

Es erscheint mir immer wieder notwendig zu sein, gleichsam barmherzig und kritisch auf die Erfahrungen zu schauen, damit das Wertvolle erblühen kann und das andere freigegeben wird.

Wichtig für Ihre Praxis ist: Geben Sie sich in der Meditation Phänomenen nicht hin, bleiben Sie in einem wachen, nüchternen Zustand! Sonst bestimmen die Phänomene Sie. Im Normalfall legen sich Phänomene wieder, wenn sie zwar wahrgenommen, aber nicht überbetont werden. Hier eine kleine Grundregel: Was gestern noch neu und faszinierend war, ist morgen oft vertraut und Alltag – und dann nicht mehr so wichtig.

Nun gibt es aber auch Phänomene (zum Beispiel Kundalini-Erfahrungen: Dies sind, vereinfacht gesagt, aufsteigende Energien im Wirbelsäulenbereich), die Menschen so weit erschüttern, dass sie zu einer spirituellen Krise werden oder eine spirituelle Krise auslösen. Hier ist erfahrene Begleitung dringend notwendig. Manchmal hilft schon Information und Klärung; manchmal sind lebensgeschichtliche Aspekte zu klären; manchmal wird ein umfassender spiritueller

Wandlungsprozess in Gang gesetzt, der ohne Begleitung nur in einer Sackgasse enden kann, weil die Kenntnisse über die Phänomene fehlen.

Vielleicht wird deutlich, dass es persönliche und allgemeine Wirklichkeiten auf dem Weg gibt, die Vernunft und Erklärung nicht erfassen. Nur am Rande weise ich darauf hin, dass die neuere Traumforschung, die Quantenphysik und auch andere Wissenschaften offener werden für andere spirituelle Wirklichkeiten. Sie liefern zumindest erste Erklärungsmodelle.

Letztlich erscheinen Phänomene wie ein Feuerwerk am Wegrand, sie gehören dazu, sind aber nur Randerscheinungen.

Wenn das Teil zum Ganzen wird

In den letzten Jahren wurde oft aus dem Ganzen – oder dem Ganzheitlichen – der spirituellen Wege ein Teil herausgenommen und wieder zu einem neuen Ganzen gemacht.

Ein bekanntes Beispiel macht dies deutlich: Yoga ist ein alter Meditationsweg, der sehr viele eigene Pfade ausgebildet hat. Im westlichen Kulturkreis wurde aber Yoga überwiegend unter dem Teilaspekt Leibarbeit / Körperarbeit verbreitet und geübt. Vielen Menschen ist Yoga dann nur als Körperarbeit oder bessere Gymnastik bekannt und wieder zu einem neuen Ganzen geworden. Dies ist bedauerlich und in gewissem Sinne auch unredlich. Geistliche Wege werden ausgenutzt für eine andere Praxis. Dass dies üblich ist und eine Meditations-Verwertung schon lange begonnen hat, wird zum Spiegelbild unserer Gesellschaft.

Das Beispiel Yoga ist sicher das bekannteste, andere lassen sich aber finden. Energiearbeit, also der Umgang mit dem Energiefeld des Menschen bzw. Reiki, die Arbeit mit dem Energiefeld der Hände, Chakren-Arbeit, die Engel-Spiele lösen Teilaspekte aus dem Ganzen heraus.

Das Schwierige ist, dass die Erfahrungen, die jemand mit Übungen aus einem Teilbereich macht, immer auch Erfahrungen aus dem größeren Ganzen beinhalten, die den Übenden und den Anleitenden oft nicht bewusst sind. So hilfreich zum Beispiel Yoga als Körperarbeit sein kann, so schwierig kann es werden, wenn Menschen auf einmal *Erfahrungen* mit dem Meditationsweg Yoga machen, ohne dass dies gewollt ist oder bewusst wird. Wer zum Beispiel Meditation als Konzentrationsübung anbietet, kam wahrscheinlich nie über dieses

Stadium hinaus und missachtet, dass andere Übende ganz andere Erfahrungen machen (können).

Letztlich also ist Achtsamkeit und Vorsicht geboten, wenn Übungen isoliert werden oder gar zu Methoden ausgebaut werden, die vorspiegeln, leicht und einfach zum Glück zu führen.

Geheimnisse

Nun gibt es noch einen weiteren Bereich, der den Übenden auf dem Meditationsweg begegnet: Nennen wir ihn Erfahrungen mit dem *Geheimnis*. Das Wesen des Geheimnisses ist nicht erklärbar. Allerdings entzieht sich das Geheimnis nicht der Wahrnehmung und der Reflexion. Das letzte Geheimnis ist die Begegnung mit dem Urgrund des Lebens und das Einswerden oder Aufgehen im Urgrund oder wie immer Sie letztlich das Unbeschreibbare ausdrücken wollen.

Die Begegnung mit dem Urgrund, die von einer Einswerdung noch entfernt ist, erfüllt den Menschen ganz und gar. Sie ist im Gegensatz zu allen Phänomenen und anderen Erfahrungen mit Klarheit und großer Nüchternheit verbunden. Der/die Betreffende weiß um die Erfahrung, sie ist eindeutig. Dies gilt für alles, was dem Meditierenden im Bereich des Geheimnisses widerfährt. Eine deutliche Erfahrung wird bei vollem Bewusstsein erlebt.

Und: Ich bin niemandem begegnet, der über diese Erfahrung reden musste oder in größerem Kreis auch nur reden wollte. Im Einzelgespräch war dafür Raum, sonst blieb die Erfahrung im Verborgenen.

Zu den Erfahrungen im Bereich des Geheimnisses gehört, dass sie sowohl – oft im selben Atemzug – Erschrecken und Erstaunen, Ergriffen-Sein und Glück, Grenzenlosigkeit und Begrenztheit auslösen. Ja, es gibt die Erfahrung mit dem Urvertrauen und im nächsten Augenblick die Erfahrung der Urangst.

All diese Erfahrungen kommen nicht unbedingt während des Sitzens, eher im Alltag. Mir wurde ein Hinweis des Meditationslehrers Karlfried von Dürckheim wichtig. Er sagte sinngemäß: »Wenn du große Gnade erfährst, wisse darum, dass die Dunkelheit der Gnade oft auf dem Fuße folgt. Erschrick nicht. Verzage nicht. Gehe weiter.« Ich habe dies die Dürckheimsche Regel genannt. Sie scheint mir eine Grundregel und eine Gesetzmäßigkeit des geistigen Lebens zu sein und schenkt in solchen Augenblicken des Erschreckens Nüchternheit, Gelassenheit und Mut.

Zusammenfassung: Bleiben Sie in Ihrer Übung achtsam und staunen Sie über die mit Phänomenen bewachsenen Ränder und Brücken Ihres Weges, aber verwechseln Sie diese »Blüten« des Wegrandes nicht mit dem Weg und dem Wesentlichen. Integrieren Sie diese Erfahrungen; sie gehören zu Ihnen. Bedanken Sie sich für wertvolle Erfahrungen und meditieren Sie weiter.

Literaturhinweis:

Leta Vonzun Steiner / Franz-Xaver Jans-Scheidegger, Tore zum Licht. Engel sprechen. Die wiederentdeckte Transzendenz, Kösel-Verlag, München 1996

Chancen und Schwierigkeiten
Die Sehnsucht nach dem Durchbruch

Immer wieder taucht in Einzelgesprächen und bei Kursen die Frage nach dem *Durchbruch* auf. Aussagen wie »... ich stehe vor dem Durchbruch«, »... wann kommt mein Durchbruch?«, »... ich habe meinen Durchbruch gehabt« gehören zum landläufigen Meditationsjargon. Was tun die Menschen nicht alles für einen »Durchbruch«, was immer dies auch sei.

Wie beim Bohren nach Wasser, bohren Menschen in sich herum. Sie wollen mit besonderen Methoden die Erfahrungen so beschleunigen, dass es zum Durchbruch kommt. Ich frage mich dann immer, was machen die Menschen dann bei einem Bruch, einem Crash, ob körperlich, geistig oder seelisch?

Nun ahne ich ja auch, was hinter der Sehnsucht nach dem Durchbruch stehen kann: der Wunsch, endlich in ruhigere Gefilde zu kommen, oder der Wunsch nach der allumfassenden Erfahrung, die erlöst aus Spannungen, Zwängen, Ängsten; manchmal auch der nachvollziehbare Wunsch, für die lange Meditationspraxis belohnt zu werden, um noch deutlicher zu wissen, dass sich der Weg bewährt hat.

Dies alles ist in gewissem Sinne verständlich – und doch: Wünschen Sie sich selbst keinen Durchbruch! Im Tunnelbau meint Durchbruch die Aktion, wenn von beiden Seiten her aufeinander zugegraben wird und das letztlich Trennende in sich zusammenfällt. Der Weg ist dann offen. Ich vermute, dass dies die förderlichste Beschreibung für die Sehnsucht nach dem Durchbruch ist.

Nur: Auf dem Meditationsweg gibt es keinen verschlossenen Tunnel, das Wesentliche geschieht und ist da.

Nimm jetzt wahr, dass der Urgrund des Lebens da ist. Der Teil von dir, der sich nach dem Durchbruch sehnt, steht dem anderen Teil von dir im Wege, der weiß, dass jetzt alles da ist. Du brauchst keinen Durchbruch. Es hält kein Wesen die Türe zu, damit du gehindert wirst. Der Weg ist offen, er liegt vor deinen Füßen. Gehe ihn mit Achtsamkeit und Gelassenheit. Und du nimmst wahr – der Weg ist offen. Sei bereit zum immer neuen Aufbruch:

»Denn jedem Anfang wohnt ein Zauber inne ...«
HERMANN HESSE

Schöpferische Idee
Anleitung zur Visualisierung eines Mandalas

Im sechzehnten Brief bin ich auf Mandalas eingegangen. In diesem Brief lade ich Sie ein, ein einfaches Mandala zu visualisieren, also sich ein Mandala innerlich vorzustellen.

- Stellen Sie sich eine Margerite als Bleistiftzeichnung vor. Versuchen Sie die Blüte der Blume vor Ihrem inneren Auge – als Bleistiftzeichnung – allein zu sehen.
- Stellen Sie sich diese Blüte nun in einem Kreis vor.
- Dieser Kreis ist von einem Viereck umgeben. In jeder Ecke des Vierecks ist wieder eine Blüte.
- Schauen Sie auf die erste große Margerite. Stellen Sie sich in der Mitte der Blüte einen freien Kreis vor. In diesem Kreis ist wiederum eine kleine Margerite.
- Haben Sie das ganze Bild noch vor Ihrem inneren Auge? Versuchen Sie es ruhig noch einmal.

Variieren Sie die Übung: Stellen Sie sich alternativ eine Baumscheibe oder ein Schneckenhaus anstelle einer Margerite vor.

18. Brief

Den Tod leben

Zur Einstimmung

Jeder Abschied ist ein kleiner Tod.
ANDRE HELLER

Jeder Tod ist ein neuer Anfang.
VATER JOHANNES

Gott ist ein stiller Geist, der überall zugegen,
drum, wer ihm nahen will, darf sich nicht viel bewegen.
Verlier, was bildlich ist und brauch nicht viel Gewalt,
kehr sanft in stillen Geist: Ich weiß, du findst ihn bald.
GERHARD TERSTEEGEN

Den Tod leben
Sterben, um zu leben – leben, um zu sterben

Die Meditation des Todes gehört zur Übung und Vertiefung der Meditation. Viele Übende spüren bei diesem Thema Unsicherheit oder Angst, da sie mit ihrer eigenen Vergänglichkeit konfrontiert werden.

Nun gehören Tod und Sterben unabdingbar zum Leben. Nicht nur der Einzelne, sondern auch unsere Kultur verdrängt den Tod, da ein Bewusstsein von Sterben und Tod unweigerlich die Gesellschaft verändert. Das Wissen um den Tod bewegt die innere Haltung des Menschen und auch seine Werte; es beschränkt Konsum, zeigt die Grenzen von Wachstum und erinnert an eigene Begrenztheit. Vordergründige Lebenslust wird als Illusion erkannt. Nach fünf Gläsern Champagner sitzt letztlich derselbe Mensch dort wie nach fünf Gläsern Wasser.

Nun will aber das Wissen um den Tod gerade nicht am Leben hindern, sondern das Leben fördern. Das Wissen um die Vergänglichkeit will zu intensivem Leben, Verantwortung und Glück *vor* dem Tod hinführen.

Ein altes Psalmwort erinnert daran. Die Gute Nachricht übersetzt Psalm 90,12 folgendermaßen: »Lass uns erkennen, wie kurz unser Leben ist, damit wir zur Einsicht kommen.«

Wie aber können wir glücklich und sinnerfüllt leben, wenn wir erkennen, dass der Tod zum Wesen des Menschseins gehört? Diese Frage beantwortet sich nicht abstrakt, sondern nur im eigenen Lebenszusammenhang. Dazu möchte die Übung der Meditation beitragen und ermutigen.

Bitte verstehen Sie dazu die nächsten Schritte als Anregungen, die aus und in der geistlichen Tradition gewachsen sind. Eine zwingende Reihenfolge ist durch die Schritte nicht gegeben. Vielmehr stellen sie vier Möglichkeiten dar, auf die ich mich beschränke.

1. Schritt: Die Vorbereitung im Leben – Dem Tod ins Gesicht sehen – Die Wirklichkeit des Sterbens wahrnehmen

In den letzten Jahren habe ich bei Seminaren intensiv mit dem Märchen vom Gevatter Tod gearbeitet. In einer französischen Variante ist der Gevatter eine Frau und heißt Herrin des Todes. Sie umfasst die männlichen und weiblichen

Aspekte dieser Figur. Nach dem Heranreifen schenkt sie ihrem Patenkind die Gabe, bei jedem Kranken zu sehen, wo der Tod steht. Steht der Tod am Kopf des Kranken, so wird der Kranke sterben, steht der Tod am Fußende, so wird der Patient gesund.

Eine der Entdeckungen bei der Beschäftigung mit diesem Märchen war der Standort der Herrin des Todes: Wenn ich, im Bett liegend, den Tod ansehen kann, werde ich gesund.

Es wurde deutlich: Heilwerden besteht im Anschauen des Todes. Ich kann also die Realität des Todes anschauen und wahrnehmen. Aus dem Wahrnehmen erwachsen Unabhängigkeit und Freiheit. Wenn ich der Angst in die Augen blicke – so geht es jedenfalls mir –, nimmt die Angst ab oder sie verändert sich. Ich entdecke die *konkrete* Angst, die ich bisher nicht benennen konnte. Einige Ängste vor dem Tod als Beispiele: Ich erlebe nicht lange genug, wie unsere Kinder heranwachsen; ich kann etwas nicht zu Ende bringen; ich möchte noch mehr erleben können; ich hab noch etwas erträumt ...

Der erste Schritt für den Umgang mit dem Tod besteht darin, dass ich den Tod als Teil des Lebens anschaue, ihn wahrnehme und akzeptiere.

Bei allen Seminaren, die ich zu diesem Themenbereich bisher geleitet habe, entdeckten die Teilnehmenden ausnahmslos, wie wohltuend und erleichternd das Wissen um das Sterben und den Tod ist. Eine ganz andere Seite spricht die Angst vor dem Leiden an, das mit dem Tod verbunden sein kann. Darauf komme ich noch zurück.

2. Schritt: Was ist und wird mir im Leben wichtig

Das Wissen um den Tod regt dazu an, sich für das Wesentliche im eigenen Leben zu entscheiden. Dabei ist nirgends vorgegeben, was denn das Wesentliche sei. Dies ist abhängig von der Person, ihrem Lebensabschnitt, ihren Erfahrungen.
Die geistliche Tradition stellt eine Übung vor, das Wesentliche für sich selbst wahrzunehmen, um es dann ins Leben hineinnehmen zu können. Mönche legten sich in das selbst vorbereitete Grab. Im Grab erinnerten sie sich ihrer Vergänglichkeit und meditierten eine Grundfrage des Lebens: Was ist das Wesentliche in meinem Leben?

Übung: Die Meditation des Todes im Grab

Eine einfache Form dieser Übung können Sie allein aufnehmen. Sie brauchen dazu viel Zeit (insgesamt zwei bis drei Stunden) und sollten nicht gestört werden können. Die Übung kann im Meditationssitz geschehen oder im Liegen (aber nicht im Bett – dies ist zu sehr durch andere Erfahrungen geprägt).

- Legen Sie sich auf den Boden und decken Sie sich so weit zu, wie Sie möchten. Sie können die Decke auch über den Kopf ziehen. Sie liegen dann in einer Höhle bzw. in einem Grab. Achten Sie darauf, dass Sie genug Luft bekommen!
- Nehmen Sie sich nun zwanzig oder dreißig Minuten Zeit und stellen Sie sich Folgendes vor: Sie liegen lebend in einer Höhle. Sie lassen die Außenwelt zurück und stellen sich darauf ein, dass Sie, wie im Angesicht des Todes, alles hinter sich lassen.
Nehmen Sie Ihre Ideen, Gedanken und Erinnerungen wahr und lassen Sie diese zurück. Was wird Ihnen – heute – wesentlich? Wenn Sie nun alles zurücklassen, was wird Ihnen das Wesentliche, das wirklich Wichtige für Ihr weiteres Leben? Erwarten Sie dabei nichts Großartiges, sondern nehmen Sie das wahr und auf, was Ihnen – als nächster Lebensschritt – bedeutsam geworden ist.
- Beenden Sie die Übung vorsichtig, räkeln Sie sich. Schreiben Sie es sich auf oder malen Sie, was Sie erlebt haben. Machen Sie sich keine Gedanken darüber, wie dies geschehen soll und kann. Tun Sie es in kleinen Schritten.
- Lassen Sie die Übung behutsam ausklingen, vielleicht mit einem Spaziergang.

3. Schritt: Das Sterben einüben 1 – Die Praxis des Herzensgebetes: Dem Ausatem folgen

In der geistlichen christlichen Tradition ist der Atem auch ein Träger der Lebensenergie. In der Schöpfungsgeschichte haucht Gott dem Menschen den Atem ein, der Atem ist Geist, Kraft, Energie und Lebenshauch zugleich.

Im Einatmen wird deutlich, dass wir leben und da sind. Im Ausatmen erahnen wir unsere Vergänglichkeit. Nun gehören Einatmen und Ausatmen zusammen, eines ist nicht ohne das andere. Mit dem ersten Atemzug werden wir in das eigene Leben entlassen, mit dem letzten Atemzug geben wir das Leben – in dieser Form – zurück.

Wenn Sie sich nun vorstellen, dass der erste Atemzug eigenes selbstständiges Leben schenkt, dann können Sie mit dem letzten Atemzug dem Atem folgen, dorthin, wo er hergekommen ist. Dies ist auf den ersten Blick eine Vorstellung, auf einer anderen Ebene wirklich eine praktische Einübung in das Sterben. Wenn der Tod ein Tor in eine andere Wirklichkeit öffnet, die wir vielleicht neues Leben oder Geborgenheit in Gott nennen, dann ist der Atem in unserer Tradition das Fahrzeug auf diesem Weg. Letztlich kann der / die Geübte sich das Sterben erleichtern, wenn er / sie gelassen dem Ausatem folgt. Das klingt spekulativ, und ich weiß auch, dass jedes Sterben sich anders und ganz persönlich gestaltet. Und doch: Torheit ist, auf die Einübung des Sterbens zu verzichten.

So wie Geburtsvorbereitung oft in intensiver Begleitung durch den Partner geschieht, wird in den nächsten Jahren vermehrt eine Einübung in die spirituelle Sterbebegleitung und in die eigene Praxis des Sterbens vollzogen werden. Dies wird neue Lebenskraft schenken; die christlichen Gemeinschaften / Kirchen werden dies aufnehmen oder sie werden einen weiteren Schritt in die Bedeutungslosigkeit tun.

Übung:

Die Übung ist schlicht und einfach und nimmt das Herzensgebet auf.

- Gehen Sie in die Übung der Meditation und folgen mit Ihrer Wahrnehmung dem Ausatem, solange dies möglich ist. Dabei verändern oder verlängern Sie Ihren Atem nicht. Sie folgen ihm einfach, und der nächste Atemzug (Einatmen) kommt von selbst. Dies ist alles.
- Bleiben Sie ohne Ehrgeiz und Anstrengung ruhig einmal ein halbes Jahr bei dieser Übung. Sie werden über die Auswirkungen erstaunt sein. Auf jeden Fall vertieft sich Ihre Meditationspraxis. Letztlich führt Sie »irgendwann« der Ausatem dahin, wo er herkommt: zum Urgrund des Lebens.

4. Schritt: Das Sterben einüben 2 – Das Tor öffnen

Sie können die Übung des dritten Schritts noch intensivieren. Dazu gibt es viele Möglichkeiten. Eine weitere möchte ich noch aufzeigen. Alle anderen Ebenen bleiben der persönlichen Übung auf Seminaren u. Ä. vorbehalten, da Einübung ohne Begleitung nicht angemessen ist.

Diese Übung schließt unmittelbar an die vorherige an und ist noch enger mit dem Herzensgebet verbunden. Sie setzt eine längere Praxis der vorhergehenden Übung voraus.

Übung:

- Sie sitzen in Ihrer Meditationshaltung und befinden sich im Herzensgebet. Die Aufmerksamkeit liegt im Herzraum.
- Senden Sie nun den Ausatem durch den Herzraum nach außen. Für die meisten Menschen ist die Vorstellung hilfreich, dass der Ausatem durch das Brustbein nach außen fließt. Langsam wird so der Herzraum in Kontakt zum Außen kommen.
- *Variante:* Sie können den Ausatem in der Phase der Trauer, eines nachzuholenden Abschiedes oder in einer Phase des Dankens auch einem konkreten Menschen zufließen lassen.

Wichtig: Beide Übungen sollen ohne Anstrengung, aber mit intensiver, innerer Sammlung geschehen. Sobald Sie verkrampfen oder sich im Brustbereich anspannen oder den Atem verändern, gehen Sie bitte in die ursprüngliche Meditations-Übung des Herzensgebetes hinein und lassen Sie die beschriebene Übung los.

Manche Menschen neigen dazu, gerade bei der letzten Übung zu »Brustatmern« zu werden, d.h., sie atmen nicht mehr in den Beckenraum, sondern in den Brustbereich. Dies ist nicht förderlich. Bitte achten Sie unbedingt darauf, dass sich Ihr Atem in dieser Übung, wie auch in jeder anderen Praxis des Herzensgebetes, immer bis in den Beckenraum ergießt.

Dieser Brief möchte Sie also einladen, sich auf das Bewusstsein, dass wir vergänglich sind, einzulassen, und eine kleine Praxis des Sterbens und Werdens im

Leben einüben. Mit einer wachen und intensiven Meditationspraxis vertiefen wir Leben und Sterben und bereiten uns auf den Weg von einer Wirklichkeit in eine andere vor.

Chancen und Schwierigkeiten
Die Unterscheidung der Ängste

Im Umgang mit dem Tod sind wir durch viele, z.T. sehr unterschiedliche Ängste geprägt. Wahrnehmen und Kennen der Ängste ermöglichen intensives Leben und würdiges Sterben, auch wenn das Wissen um unsere Ängste nicht verhindert, dass wir trotzdem in konkreten Situationen Angst haben. Wissen und Erkennen der Ängste sind aber eine große Hilfe, sich nicht zu täuschen und zu verlieren. Einige der Ängste möchte ich im Folgenden benennen.

Tod und Lebenszeit

Eine der größten Ängste in der Auseinandersetzung mit dem Tod ist, dass er uns etwas nimmt oder uns die Zeit bemisst. Dabei bewerten wir die Länge der Zeit: Wer alt geworden ist, darf zufrieden sterben. Wer jung stirbt, hat keine Chance zum Leben gehabt.

Wir definieren sinnerfülltes Leben also auch nach der Länge des Lebensalters. So verständlich das scheint und so gerne ich selbst noch älter werde, so wenig liegt der Sinn des Lebens in seiner Länge. Eine lange Dauer des Lebens erleichtert es allerdings, sich an den Gedanken des Todes zu gewöhnen. Die Lebenszeit eines Kindes, das stirbt, ist genauso wertvoll wie die Lebenszeit eines Greises. Wer sagt denn, dass das Leben mit achtzig Jahren erfüllter ablief als das Leben eines Menschen mit vierzig Jahren. Die Zeit macht nur einen kleinen Bestandteil aus, der zur Erfüllung des Lebens gehört. Uns treibt immer wieder neu die Angst etwas zu versäumen, nicht alles zu erleben, die eigene Zeit nicht ausgekostet zu haben. Helfen könnte uns das Vertrauen, dass für jeden persönlich alles auf der Erde die ureigenste Zeit hat. Die Liebe hat ihre Zeit und das Hassen, das Geborenwerden und Sterben, das Festhalten und Lösen.

Tod und Strafe

Eine andere Angst, die mit dem Tod verbunden ist, ist die Angst vor Strafe – eventuell durch Gott – nach dem Tod. Menschen fürchten, positiv gesprochen, dass sie für ihr Leben Rechenschaft ablegen müssen. Nicht falsch ist es sicherlich, wenn Menschen entdecken, dass sie für ihr Leben und damit für alles Tun und Lassen selbst die Verantwortung tragen. Im Sterbeprozess sehen Menschen ihr Leben noch einmal vor sich. Nahtod- und Sterbeerfahrungen weisen ein Lebenspanorama auf. Damit ist gemeint, dass Menschen, die sterben, ihr ganzes Leben in einem inneren Bild, in einem inneren Film noch einmal sehen. Nun befürchten viele Menschen, für das Falsche und eventuell auch für Böses bestraft zu werden. Dies macht Angst; und wer Angst hat, kann sich nicht auf ein gelassenes Sterben zubewegen.

Diese Angst hat etwas mit einer bestimmten Vorstellung von Gott zu tun. Wer Angst vor Gott hat, wird dies im Sterbeprozess auch so verspüren. In der Übung der Meditation kann sich diese Angst vor Gott lösen und Platz machen für Vertrauen zum Urgrund des Lebens.

Darüber hinaus kann Angst vor Strafe auch auf die Elternbeziehung hinweisen. Vielleicht existiert die Angst, von den Eltern bestraft zu werden, nicht gut genug gewesen zu sein oder den Ansprüchen nicht genügt zu haben. Muster, Einstellungen und Erfahrungen der Elternbeziehungen sind oft auch Muster und Grundlage für die Beziehung zu Gott. Deshalb sollte die Struktur der Elternbeziehungen wahrgenommen werden, um Übertragungen zu vermeiden.

Letztlich aber hilft uns allen im Leben und Sterben, wenn wir im Leben (!) Verantwortung für das Gelungene und Misslungene übernehmen.

Sterben, Leiden und Tod

Oft wird Sterben und Tod nicht unterschieden. Sterben ist der Prozess, der in den Tod hineinführt. Dabei werden Schmerzen, Leid auf der seelischen, körperlichen und geistigen Ebene gespürt. Sterben kann auch nach langen Meditationserfahrungen schwer und leidvoll sein. Meditation schützt nicht vor Leid und Schmerz. Meditation ist keine Versicherung auf einen friedvollen und gelassenen Tod. Allerdings wird sich wahrscheinlich, genau wie bei der Geburtsvorbereitung, die Übung als hilfreich erweisen.

Vielleicht gilt dies aber weniger für das Sterben als für den Tod selbst. Mit Tod bezeichne ich den Zeitpunkt und Prozess, in dem sich die körperliche, seelische und geistige Einheit auflöst und der Mensch sich in eine andere Wirklichkeit begibt. Der letzte Gedanke mag manchen als Spekulation und nicht beweisbar vorkommen. Allerdings führt Meditation in die Erfahrung, dass diese andere Wirklichkeit existiert. Auf dieser Ebene gilt die Erfahrung vieler Menschen, dass es diese Wirklichkeit gibt und dass sie vergleichbar erlebt wird, wie ein fast klassischer wissenschaftlicher Beweis. Wenn viele Menschen, die meditieren, Ähnliches und Vergleichbares erleben, dann ermutigt das, sich im Tod der anderen Wirklichkeit anzuvertrauen.

Was bleibt, wenn ich loslasse?

Aus den vorhergehenden Zeilen spricht noch eine andere Angst: Bleibt wirklich etwas, wenn ich loslasse, also wenn ich mich in einen letzten Prozess hineinbegebe und nichts mache, nichts festhalte, nichts will, nicht sorge?

Wenn Sie die letzten Worte anschauen, entdecken Sie, dass diese Begrifflichkeiten in der Meditation vorkommen und die Einübung in dieses Nicht-Machen, Nicht-Wollen auf dem Meditationsweg geschieht.

Was bleibt, wenn ich loslasse? Dahinter verbirgt sich die Frage, ob überhaupt etwas bleibt. Irgendetwas bewegt uns Menschen dazu, etwas für die Nachwelt zu hinterlassen: Kinder, ein Werk, ein Haus, eine Leistung, ein Erbe, eine Idee. So schön dies sein kann, es ist letztlich nicht wesentlich, ob etwas von uns bleibt. – Erschreckt Sie das? Hat Ihr Leben nur einen Sinn, wenn Sie etwas hinterlassen? So wertvoll es sein kann, etwas zu hinterlassen, so sinnlos ist es, allein daraus Wertschätzung oder Bestätigung zu ziehen. Im Tod lassen Sie alles, alles bleibt (zurück) und (nichts) bleibt Ihnen. Sinn-los ist, an Bleibendem zu haften, und sinn-voll ist, Bleibendes nicht als Besitz zu begreifen. Im Tod können wir nicht mehr greifen. Mich befreit dies und ich kann leichter Dinge sein lassen und mich gelassener engagieren.

Eine Angst weniger? – Eine Angst weniger!

Zu guter Letzt

Auch Ängste gehören zum Leben, sie begegnen Ihnen. Es wäre beunruhigend, wenn Sie keine Ängste mehr hätten. Beruhigend ist, wenn Sie sich fühlen, wahrnehmen und auch Ängste haben. Bedrohlich wird es nur, wenn die Ängste Sie bestimmen. Deshalb schauen Sie sich Ihre Ängste an, nehmen Sie sie ernst und klären Sie – so weit es geht – auf Ihrem Meditationsweg, was Ihnen Angst macht und Sie vielleicht bestimmt oder lähmt oder quält.

Schöpferische Idee
Lebenspanorama

Aus den Nahtod- bzw. aus den Sterbeberichten wissen wir, dass Menschen im Todesprozess auf ihr ganzes Leben schauen. Sie sehen vor sich ein Panorama ihres Lebens. Darüber hinaus neigen ältere Menschen dazu, immer wieder von Vergangenem zu erzählen. Meist wird dabei – oft unbewusst – auch Unbewältigtes erzählt. Zum Beispiel bekamen die unzähligen Berichte über den Krieg, die ich mir als Kind und Erwachsener anhören durfte bzw. musste, mit fortdauernder Länge und mit wachsendem Vertrauen eine andere Ebene: Das Unbewältigte, der Schatten, das Verdrängte drangen ins Bewusstsein und konnten in Worte gefasst werden.

Dieses Lebenspanorama können Sie auch bewusst gestalten. Nehmen Sie ein großes Blatt Papier und malen Sie – von der Zeugung bis heute – Ihre Lebenslinie auf. Unterteilen Sie diese dann in Jahre und benennen Sie wichtige Ereignisse. Schreiben Sie die Ereignisse direkt an die Linie. Wenn Sie wollen, geben Sie dem Ganzen Farbe und malen Sie die Stationen mit den Farben an, die Ihnen spontan einfallen. So benennen Sie Erfahrungen und Erinnerungen und geben ihnen gleichzeitig einen ersten Ausdruck.

Sie werden vielleicht erstaunt sein, wie viel Ihnen bewusst wird und wie viel sich klärt. Bei schwierigen Situationen suchen Sie sich Begleitung.

Schauen Sie auf Ihr Lebenspanorama und suchen Sie nach Ihrem Lebensfaden, nach Ihrer offenen oder verborgenen Lebensrichtung. Fragen Sie sich: Wie sieht mein »goldener« Lebensfaden aus?

Literaturhinweis

Anselm Grün, Leben aus dem Tod, Vier-Türme-Verlag, Münsterschwarzach, 5. Aufl. 2001

Rühr mich an mit deiner Liebe

T / M: unbekannt

19. Brief

Über die Begleitung

Zur Einstimmung

Ein Schüler fragte seinen kranken Lehrer, wie er nach dessen Tod einen neuen Lehrer finden könne. Der Lehrer antwortete: »Der wird dein Lehrer sein, der dir keine Antwort auf die Frage gibt, wie du deinen Stolz überwinden kannst.« Nach dem Tode des Lehrers suchte der Schüler überall vergebens. Nach langer Zeit klagte er sein Leid einem unscheinbaren Mann. Dieser lächelte nur und sagte: »Du wirst keine Antwort finden. Du wirst alle Tage mit deinem Stolz ringen.« Da wusste der Schüler, dass er seinen Begleiter gefunden hatte.

NACH EINER CHASSIDISCHEN GESCHICHTE

Über die Begleitung und die Unterschiede zur geistlichen Begleitung

Mit diesem letzten Brief möchte ich ein besonderes Thema aufnehmen, das für die Meditation wesentlich ist: die Begleitung. Unter Begleitung verstehe ich die miteinander abgesprochene Begleitung eines Menschen auf dem Meditationsweg. Dies ist anders und mehr als geistliche Begleitung. In den letzten fünf Jahren hat die Ausbildung zur geistlichen und spirituellen Begleitung zugenommen. Dies ist begrüßenswert, aber diese Ausbildungen haben mit der Begleitung in Meditation eher wenig zu tun. Sie fördern – sicherlich generell – die geistliche Kompetenz, aber sie beinhalten nur selten einen Kompetenzzuwachs im Meditationsbereich. Logischerweise fehlt damit fast allen geistlichen Begleiterinnen und Begleitern die Kompetenz zur Begleitung meditierender Menschen. Ich spreche in diesem Brief ausschließlich über die Begleitung im Meditationsbereich!

Warum ist Begleitung sinnvoll und notwendig?

Aus den Briefen wird sicherlich deutlich, dass es Erfahrungen gibt, die der Klärung bedürfen. Sonst bleibt der Übende mit seinen Erfahrungen allein und deutet sie nur durch sein Wissen. Dies schadet nicht, wenn es sich, bildlich gesprochen, um die Unterscheidung von Äpfeln und Birnen handelt. Bei der Unterscheidung zwischen genießbaren, ungenießbaren oder gar giftigen, also schädlichen Früchten hilft allerdings eine Begleitung. Warum erst durch Schaden klug werden?

Nun kann jeder und jede mit den eigenen Erfahrungen so umgehen, wie er/sie selbst es möchten. Die Verantwortung liegt auf jeden Fall bei den Übenden. Auch eine intensive Begleitung nimmt nie diese Eigenverantwortung.

Die Übenden können aber gleichsam Verantwortung mit einem Begleiter oder einer Begleiterin teilen. Dies hat den Vorteil, dass jemand mit seiner tieferen Erfahrung wie ein Wegweiser sein kann. Der Begleiter bzw. die Begleiterin ähnelt einem Richtungsschild auf dem Weg. Die Entscheidung, ob der Übende dieser Wegweisung folgt, bleibt beim Übenden. Außerdem tut es gut, die eigenen Erfahrungen in einem geschützten Raum – also in der Begleitung – aussprechen zu können. Wo sonst ist dies möglich? Wo sonst findet der Übende Verständnis?

Wo sonst ist er mit seiner Unsicherheit oder auch seiner Selbstherrlichkeit gut aufgehoben?

Die Meditationsbegleitung möchte hier einen Ort und eine Beziehung schenken, wo vertrauensvoll Klärungen, Weisungen und Emotionen gelebt werden können. Voraussetzung dafür ist allerdings, dass der Begleitende die Meditationspraxis des Übenden regelmäßig erlebt. Mittlerweile lehne ich eine Begleitung ohne das kontinuierliche Erleben der Meditation der Begleiteten ab.

Die Traditionen der Begleitung

Zen

In der Übung der Zen-Meditation ist die Begleitung verankert. Dort gibt es ein Lehrer-Schüler-Verhältnis, das während der ganzen Meditationszeit besteht. Ein Lehrerwechsel ist sicherlich möglich, doch selbst dies bedarf der Klärung. Im Zen sind auch die Regeln für die Begleitung festgelegt. Ebenso klar ist dort geregelt, wer Begleiter, sprich Lehrer, sein kann. Der Meister setzt den Schüler bei Eignung und Reife als Lehrer entsprechend der Tradition ein. So wird vermieden, dass sich irgendjemand selbst zum Lehrer oder Begleiter ernennt. Der Übende ist also gut geschützt.

Herzensgebet

Für den Meditationsweg des Herzensgebetes lag in der Ostkirche (in den orthodoxen Kirchen) auch die Begleitung fest. In der griechischen Tradition war es der *Gerontas*, in der russischen Tradition der *Starez*.

Das Herzensgebet im Westen

Im westlichen Bereich fand sich bis vor einigen Jahren kaum eine Regelung der Begleitung. Mittlerweile hat sich die Situation verändert. Fast jede größere Schule des Herzensgebetes ernennt Begleiter durch den Leiter, die Leiterin bzw. durch eine Gruppe von Menschen. Dort gibt es Meditationsbegleiter und Meditationslehrer beiderlei Geschlechts. Wer einen Begleiter oder Lehrer sucht, sollte sowohl von der Beziehungsebene, als auch von der Kompetenz her prüfen, ob der Begleitende zu ihm passt. Hierzu folgen nun einige Anregungen.

Die Kompetenz der Begleitung

Folgende Kompetenz braucht eine Begleiterin/ein Begleiter:

- langjährige kontinuierliche Meditationserfahrung;
- die Fähigkeit, sich selbst zu reflektieren und (über sich) zu lachen;
- Kenntnis der vielfältigen Ebenen der Meditation (seelisch, geistlich, körperlich und geistig);
- aus der Praxis erwachsene Intuition / geistige Unmittelbarkeit;
- einen eigenen Begleiter, eine Begleiterin in der eigenen Meditationspraxis;
- Kenntnis anderer Meditationsformen und die Bereitschaft zu einer kritischen und wertfreien Auseinandersetzung mit diesen anderen Meditationsformen;
- die Kompetenz für die Begleitung in spirituellen Krisen;
- die Fähigkeit, die eigenen Grenzen zu kennen und zu leben, und die Bereitschaft, Menschen weiterzuverweisen an kompetentere Begleiter und Begleiterinnen;
- das Vermögen, zwischen Begleitung und Therapie zu unterscheiden, und gegebenenfalls die Notwendigkeit zur Verweisung an kompetente Therapeuten zu erkennen;
- die Gabe der liebevollen, aber auch deutlichen Konfrontation.

Diese Kompetenzen sind an keine Berufsgruppe gebunden und auch nicht in einer Ausbildung einfach zu erwerben. Eine Ausbildung in Meditationspraxis oder in Meditationsbegleitung, wie immer dies auch benannt wird, ist unzureichend, da eine Ausbildung allein nicht die geistliche Entwicklung oder die Fähigkeiten eines Menschen berücksichtigen kann. Es erscheint hilfreich, einen anerkannten Begleitenden aus einer der Herzensgebetsschulen anzufragen.

Begleitung – Therapie – spirituelle Krisen

Diese Unterscheidung ist im Alltag lange nicht so klar und einfach zu leisten wie auf dem Papier.
Geistliche Begleitung unterscheidet sich von Therapie in fünf grundsätzlichen Punkten:
1. Geistliche Begleitung nimmt das Religiöse oder Spirituelle als eigenständigen und ganzheitlichen Lebensbereich ernst und versucht ihn nicht – wie manche psychologischen Schulen – auf eine psychische Ebene zu reduzieren. Geistliche Begleitung klärt allerdings auch die religiösen Erfahrungen und arbeitet sie durch, wenn diese sich zum Beispiel als Regression oder Rückentwicklung darstellen oder einer Heilung im Wege stehen.
2. Geistliche Begleitung pflegt ein anderes Setting, d.h. eine andere Häufigkeit und Länge der Gespräche. Die Orte der Gespräche ähneln nicht denen einer Therapie. Begleitung geschieht während der Kurse oder auf Wunsch der Übenden auch außerhalb. Ein monatliches Gespräch ist schon viel, außer in akuten Situationen. Hier liegt dann eine Überschneidung mit therapeutischen Aspekten vor.
3. Geistliche Begleitung kennt Weisungen und Konfrontation. Bitte verwechseln Sie dies nicht mit Anweisungen oder Gehorsam. Letzteres ist nicht erwünscht. Allerdings gibt der Begleiter durchaus Hinweise, Übungen u.Ä. für zu Hause mit. Auch Erkenntnisse werden direkt oder im Gleichnis oder in Geschichten vermittelt. Die Weisungen haben oft etwas Paradoxes an sich, sie sind klar und thematisieren doch auch noch eine andere Ebene.
4. Der Begleitende bringt in die Begleitung seine Intuition ein. Viele Gespräche leben von der Wahrnehmung zwischen den Zeilen und der Intuition des langjährig Meditierenden. Es kann sein, dass die lebensgeschichtlichen Krisen in der Meditationspraxis eines Übenden so deutlich werden, dass Begleitung nicht ausreicht, sondern Therapie notwendig wird. Dann hilft eine Therapeutin oder ein Therapeut, die/der die geistliche Ebene des Menschen fördert und ernst nimmt.
5. Begleitung kann und will Therapie nicht ersetzen.

Besonders einzugehen ist auf die *spirituelle Krise*, eine Sammelbezeichnung für Erfahrungen auf dem geistlichen Weg, die den Menschen zu einer Wandlungskrise führen.

Ein bekanntes Beispiel ist das Erlebnis des Paulus auf dem Weg nach Damaskus, wo ihn eine Erscheinung erschüttert und es ihm wie »Schuppen von den Augen fällt«. Solch eine Erfahrung – auch wenn sie nicht so heftig ist – braucht die intensive Begleitung. Da nur wenige Therapeuten von diesen spirituellen Krisen etwas wissen, besteht in diesen Fällen der Bedarf nach kompetenten Begleitern, damit die spirituelle Krise nicht mit einer psychischen Erkrankung verwechselt wird. Oft ragen lebensgeschichtliche Aspekte in eine spirituelle Krise hinein, die es aufzunehmen gilt.

Chancen und Schwierigkeiten
Probleme in der Begleitung

In den letzten Jahren habe ich von einigen, wenn auch seltenen Erfahrungen in der geistlichen Begleitung gehört, die mich nicht nur stutzig werden ließen, sondern die einen Missbrauch in der Begleitungssituation darstellen. Das Buch »Das Tor des Erwachens« von Jack Kornfield widmet sich den Auswirkungen geistlicher Erfahrungen, der Begleitung und den Schwierigkeiten in diesem Bereich. Es ist sehr empfehlenswert.

Missbrauch der Begleitung

Sehr schwierig stellt sich der Missbrauch in der Begleitung und dabei besonders die sexuelle Beziehung zwischen Begleiter/Begleiterin und Schüler/Schülerin dar. Zu meinem Erstaunen kommt sie vor. Dazu gibt es nur einen Kommentar: Das ist sexueller Kontakt mit Abhängigen.

Die Begleitung öffnet eine so sensible und vertrauensvolle Situation, dass, meiner Ansicht nach, hier das Strafrecht analog wie bei Therapeuten angewandt werden muss. Im Bereich der Begleitung haben dieselben Regeln wie für Therapeuten zu gelten.

Mir ist natürlich auch bewusst, dass man sich in jemand verlieben kann, auch Begleitende in Begleitete und umgekehrt. In der Therapie wird dann in der Regel die therapeutische Beziehung beendet und vor einer intensiven Beziehung geprüft, ob dies wirklich Liebe, Schwärmerei oder eine Übertragung ist.

Idealisierung

Ein zweiter problematischer Punkt ist die Idealisierung eines Begleiters / einer Begleiterin durch manche Schüler und Schülerinnen. Der Begleiter wird zu einem Idol gemacht und man schwärmt für ihn. Der Begleiter wird zum Maßstab in allen möglichen Situationen. Das wird oftmals grotesk: »Alfred hat aber gesagt ...«, »Bei Alfred sitzen wir so ...«, »Meine Lehrerin rät mir aber dieses ...«, »Edelgard meint, ich bin jetzt weit genug, um selbst Kurse zu geben ...«

Nun sagen diese Sätze oft mehr über den, der sie ausspricht, als über den Begleiter, denn der Begleiter wird nicht nur zum Vorbild, sondern oftmals auch zum Ersatz für eigene Mündigkeit und Selbstvertrauen. Mir scheint, dass die Begleiter diese Begleit-Erscheinungen nicht genug abwehren und zurückweisen. Es hilft weder, wenn die einen über die Schüler von »Sowieso« lästern, noch, wenn die anderen ihn oder sie »vor dem Bauch tragen«. Vielleicht schmeichelt dem Begleiter auch manche Aussage der Übenden.

Dank und Kritik – so sehr dies in konkreten Situationen den Begleitenden selbst anstrengt – scheinen mir wertvoller und förderlicher als Schmeichelei und In-den-Himmel-gehoben-Werden. Dies ist für Begleitung unangemessen.

Das Vertragswesen – Die Selbstverpflichtungen

In den letzten Jahren traf ich immer wieder Übende, die auf Anregung oder gar Aufforderung eines Kursverantwortlichen schriftliche Selbstverpflichtungen eingegangen waren. Sie haben sich – sich selbst gegenüber – verpflichtet, täglich ein- bis zweimal zu üben und konstant bei ihrer Praxis zu bleiben. Es gab unterschiedlich strenge Varianten. Nun ist Regelmäßigkeit sicher wertvoll. Aber diese Selbstverpflichtungen führten zu schwierigen Begleiterscheinungen: Zwanghafte Menschen bekamen Schuldgefühle beim eigenen Versagen, andere sahen Übung als Pflicht an, manche wurden sehr gesetzlich und streng mit sich.

So wichtig eine Einladung zum Üben ist, gerade auch junge Menschen brauchen den Raum zwischen Freiheit und eigener Verantwortung. Intensive eigene Praxis wächst aber mit der Zeit. Darauf vertraue ich, und in all den Jahren erfuhr ich dies bei vielen Menschen. Deshalb möchte ich bitten, Selbstverpflichtungen durch Einladungen und Ermutigungen abzulösen.

Aussichten

Wir brauchen eine partnerschaftliche Kultur der Begleitung, die aus gegenseitigem Vertrauen und gemeinsamem Verantworten besteht. Begleiter und Begleiterinnen sind nicht die Allwissenden; der Übende hat seine eigene Kompetenz. Letztlich wird Begleitung zu einem dialogischen Miteinander werden, das nicht die Konfrontation und die Grenzen, die Weisheit und die Klarheit verwischt. Ich kann es gar nicht hoch genug einschätzen, was mir persönlich durch Begleitung zugute kam. Begleitung geschieht nie als ein einseitiges Geben, sondern immer als Geben und Nehmen.

Für mich ist es förderlich, wenn Menschen, die ich begleite, auch mit mir in die Auseinandersetzung gehen. Begleitung wird dabei ein wechselseitiger Lernprozess. Auf unterschiedlicher Erfahrungsebene begegnen wir uns als gleichrangige Geschwister, immer wieder neu in beiderseitiger Demut, Achtung und Bescheidenheit.

Regeln für die Begleitung – Entwurf

Abschließend möchte ich Regeln für eine Begleitung auf dem Meditationsweg des Herzensgebetes – als Diskussionsbeitrag – aufschreiben. Dabei orientiere ich mich an alten christlichen Grundsätzen und übersetze Traditionen in heutige Zusammenhänge.

1. Begleitung ist freiwillig und frei von Herrschaft. (Jesus sagt: »Ihr sollt nicht Herrscher sein, sondern Diener.«)
2. Begleitung geschieht als partnerschaftlicher Beziehungsprozess. Begleiter/Begleiterin und Schüler/Schülerin erleben sich in einer vertrauensvollen Beziehung. (»Ihr sollt meine Freunde sein.«)
3. Einander besitzen wollen, besonders auch auf der Ebene sexueller Beziehungen, hat keinen Raum in der Begleitung. Hier gilt die alte Keuschheitsregel, die eigentlich ein Schutz vor dem »Haben-Wollen« eines Menschen ist.
4. Geistliche Begleitung geschieht unabhängig von Geld. Geistliche Begleitung lässt sich weder bezahlen noch kaufen, sie sichert so die

Unabhängigkeit. Dies erinnert an die Armutsregel, die auch verhindert, dass jemand wegen Geld Ja oder Nein sagt. Ich trenne die geistliche Begleitung von der Kursgebühr. Mit der Kursgebühr bezahlen Sie ein Seminar, sichern sich aber nicht den Begleitenden.
5. Begleitung geschieht klar und eindeutig, aber liebevoll. (Paulus sagt: »Über alles aber legt die Liebe.«) Die Liebe gibt bei aller Klarheit und Eindeutigkeit den Maßstab für das, was gesagt wird und wie es gesagt wird, ab. Wahrheit kann sehr unbarmherzig sein und damit nicht mehr wahr.
6. Weisungen werden ernst genommen, ohne die Eigenverantwortung einzuschränken. Für die Schüler/Schülerinnen wird es zu einer wesentlichen Übung, auf die ersten Sätze einer Weisung zu hören. Oft werden diese nicht wahrgenommen und doch liegt in den ersten Sätzen eines/einer Begleitenden das meiste Gewicht.
7. Der begleitete Mensch ist Ebenbild Gottes und nicht das des Begleiters/der Begleiterin. Jeder besitzt seine Einzigartigkeit, seine Würde und seine Gaben. Diese gilt es zu fördern.
8. Absicht der Begleitung ist es, die Menschen in ihrer Einzigartigkeit und mit ihren Möglichkeiten zu fördern und die Begegnung mit dem Urgrund des Lebens zu ermöglichen.
9. Der Begleiter/die Begleiterin bietet sich nicht an. Er oder sie reagiert nur auf die Anfrage eines Menschen, der Begleitung sucht.
10. Der Begleiter/die Begleiterin hat einen eigenen Begleiter/eine Begleiterin. So wird in gewisser Weise »Supervision« möglich.
11. Begleitung hat ihre Grenzen. Der Begleiter oder die Begleiterin ist nicht ein Ersatz für andere nicht gelebte Beziehungen. Wenn dies nicht transparent gemacht wird, geschieht eine falsche Erwartung an den und eine Überforderung im Begleitungsprozess.

Wie finde ich meinen Begleiter oder meine Begleiterin?

Die Antwort ist kurz: Ihr Begleiter oder Ihre Begleiterin wird Ihnen begegnen, gehen Sie dazu Ihren Weg achtsam. Besuchen sie verschiedene Kurse bei unterschiedlichen Lehrern und Lehrerinnen.

20. Brief

Zum Abschluss

Ein Vorschlag für begrenzte Gemeinschaft und begrenzte Gemeinschaften

Liebe Leserin, lieber Leser!
Jede und jeder kann für sich alleine meditieren oder in der Übung des Herzensgebetes verweilen. Allerdings kann eine Gruppe sich gegenseitig ermutigen, tragen und unterstützen.

Ich habe zehn Jahre die Möglichkeit gehabt, in einer Gemeinschaft das Herzensgebet zu vertiefen. Durch die Gemeinschaft gab es verbindliche Zeiten der Meditation. Dies machte vieles einfacher. Es gab einen Rhythmus, es gab Rituale und Abläufe, die stattfanden, auch wenn ich nicht da war. Darauf konnte ich zurückgreifen, daran konnte ich ohne jede Mühe anknüpfen.

Nun bin ich wieder selbst für meinen Rhythmus und für die Zeiten zuständig. Dies ist nicht einfacher. Ich sehne mich im Bereich der Meditation nach dieser Regelmäßigkeit und dem Rhythmus, der nicht von mir »gemacht« werden muss.

Es ist nicht nötig, dass sich überall feste und verbindliche christliche Lebensgemeinschaften bilden. Aber es würde uns allen gut tun, wenn es begrenzte Gemeinschaft gäbe; einen Abend in der Woche oder besser wahrscheinlich: einen Abend im Monat.

Dieser Zeitraum gehört dann ganz dieser Gruppe. Was könnte getan werden?

Ich schlage einen sehr einfachen, scheinbar anspruchslosen ökumenischen Rahmen vor:

- Gemeinsame Praxis im Herzensgebet und Austausch (zwei Meditationseinheiten, 60 Minuten).
- Eine Runde: Was bringe ich mit, woran bin ich jetzt? Erzählen und Zuhören (45 Minuten).
- Ein gemeinsames Essen aus einfachen Zutaten, zu denen jeder etwas mitgebracht hat, beginnend mit einer Mahlfeier am Tisch (45 Minuten).

Einige Regeln:

- Es wird ein Verantwortlicher gewählt.
- Organisatorisch ist alles schnell Routine und wird aufgeteilt.
- Wer dazugehören will, gehört dazu, wenn die Gruppe einverstanden ist.
- Die Termine der Gruppe haben erste Priorität vor allen anderen Terminen, Fernbleiben wird erläutert.
- Ein gemeinsamer Tag im Jahr kommt hinzu.

Vielleicht ist dies für viele Leserinnen und Leser schon zu viel, vielleicht ist es für andere eine Anregung. Ich habe das Projekt »Zeit für Stille« genannt; dies ist offen und einladend zugleich.

Wer am Aufbau einer solchen Gruppe Interesse hat, kann mir schreiben. Wir können ohne große Mühe die Treffpunkte und Kontakte ins Internet stellen. Auch sonst freue ich mich über weitere Rückmeldungen, Anfragen und Anregungen. Wenn Sie Kontakt aufnehmen wollen, kann dies über www.wege-der-stille.de geschehen. Dort finden Sie auch Kontaktgruppen, die das Herzensgebet – oft zusammen mit Eutonie – pflegen.

Ich wünsche Ihnen, dass Sie mit Ihren Möglichkeiten und Grenzen zur Ruhe des Herzens finden,

Ihr Rüdiger Maschwitz

P.S.
Eine weitere Kontaktadresse für das Herzensgebet und für Vernetzungsgruppen über www.viacordis.ch

Sei gesegnet und werde ein Segen

Gott sei vor dir
und leite dich.

Gott sei neben dir
und begleite dich.

Gott sei hinter dir
und stütze dich.

Gott sei unter dir
und trage dich.

Gott sei über dir
und öffne dich.

Gott sei in dir
und heile dich.

Gott sei mit dir
und segne dich.

Grundgedanken zur Eutonie

Eutonie ist eine Schule der Körperarbeit, die von Gerda Alexander um die Mitte des 20. Jahrhunderts benannt und entwickelt wurde. Mit anderen Körperarbeitsschulen (z.B. Feldenkrais, Alexander-Technik) liegt der Ausgangspunkt in der Reformpädagogik der Dreißigerjahre. Eutonie differenzierte sich in den nachfolgenden Jahren und wurde von verschiedenen »Eutonisten« variiert, verändert und weiterentwickelt.

Seit Mitte der Siebzigerjahre kenne und übe ich Eutonie in den verschiedenen Ausprägungen. Ich habe von allen Begegnungen und Fortbildungen viel gelernt. Mein eigener Bezugspunkt ist immer mehr die ursprüngliche Richtung von Gerda Alexander geworden. Sie verbindet für mich gut die individuelle Persönlichkeitsentwicklung und Funktionalität. Wobei ich unter Funktionalität schlicht und einfach das Wissen und die Erfahrung verstehe: Welche Übung, welche Anleitung tut dem Menschen jetzt (auch mit seinen Beschwerden) gut?

Damit wird auch deutlich: Jede Eutonieübung wirkt konkret und bewirkt etwas. Das Wort »etwas« beschreibt hier nicht eine Ungenauigkeit und einen Allgemeinplatz. Vielmehr hat jeder und jede Übende dieses »Etwas« für sich konkret zu erspüren. Das eigene Spürbewusstsein jedes Einzelnen wird so gefördert und gefordert.

Eutonie kann dabei Veränderungen im leiblichen, im seelischen und im geistigen Bereich bewirken. Sie schenkt Selbst-Bewusstsein und fördert die Beweglichkeit, auch da, wo Einschränkungen vorhanden sind. Bei vielen Beschwerden und Krankheitsbildern ist sie nicht nur vorbeugend, sondern auch heilend wirksam.

Zum Methodischen:
Wenn ich selbst anleite, frage ich viel. Diese Fragen können innerlich beantwortet werden. Es geht aber nicht um ein Abfragen im Sinne von falsch und richtig. Die Fragen wollen das Spürbewusstsein anregen und die Aufmerksamkeit auf verschiedene Wahrnehmungsmöglichkeiten lenken. Bei den kurz gefassten Übungen sind kaum Fragen enthalten, bei den länger formulierten Übungen finden Sie mehr Fragen.

Materialien, die Sie benötigen:

- Decke, am besten längsgefaltet, zum Liegen
- ein Kissen für den Kopf in der Rückenlage, wenn er sehr abknickt, oder für die Seitenlage eine stabile, aber nachgiebige Unterlage
- zwei daumendicke Bambusstäbe, ungefähr 75 cm lang
- zwei Kirschkernsäckchen oder einen Kastanienschlauch
- zwei gebrauchte Tennisbälle oder zwei Filzbälle

Die im Folgenden ausgeführten zehn Übungen (S. 199 ff) verhelfen zu einem ersten und eigenen Kontakt mit Eutonie. Die Übungen finden fast alle in der Rückenlage statt.

Was will die Eutonie bewirken?

Die Antwort auf diese Frage hilft nicht nur, die Eutonie (übersetzt: guter Tonus) zu verstehen, sie zeigt auch die Unterschiede zu anderen Schulen der Leibarbeit auf.
   Eutonie will Menschen helfen, zu der ihnen jeweils angemessenen und wohltuenden Grundspannung im Alltag zu finden. Dabei geht die Eutonie davon aus, dass jeder Mensch eine eigene, ihm gemäße Grundspannung besitzt. Der jeweils gerade vorhandene Spannungszustand entspricht zwar der augenblicklich wirklich vorhandenen Spannung, aber dies muss nicht der angemessene und wohltuende Grundzustand (Tonus) sein. Ich vermeide die Worte richtig oder falsch, weil das, was in einem Fall richtig sein kann, im anderen Fall durchaus unangemessen ist.

Ein Beispiel: Meine Spannung wird anders sein, wenn ich einen Schrank hebe oder erschrecke oder mich in Ruhe auf den Boden lege.

Eutonie ist *kein* Entspannungsprinzip, sondern bewirkt für den einen Menschen, dass sich Spannung aufbaut und der Mensch Format gewinnt. Für den anderen bewirkt sie, dass Überspannung abgebaut wird. Für viele Menschen ist es erstaunlich, dass dies oft durch ein und dieselbe Übung geschehen kann. Die Übungen wirken also individuell verschieden und bei aller Gemeinsamkeit, die durch ein und dieselbe Übung in einer Gruppe initiiert wird, kann die persönliche Erfahrung unterschiedlich sein. Dies gilt es wahrzunehmen und nicht zu bewerten.

Das grundlegende Prinzip der Eutonie

Das grundlegende Prinzip der Eutonie ist für mich die bewusste Wahrnehmung des Leibes und das Zulassen seiner Selbstregulationskräfte. Eutonie braucht dazu Neugier, Ruhe und die Einstellung: Ich lasse geschehen ...

Dazu kann der Mensch liegen, gehen, stehen oder sitzen. Er braucht nur die Bereitschaft, sich wahrzunehmen.

So könnte eine allererste Wahrnehmung aussehen: Der Kopf liegt auf. Die Schultern sind hochgezogen. Die Arme sind verdreht, die Hände zusammengeballt. Die Wirbelsäule berührt an manchen Stellen den Boden, an anderen Stellen fehlt dieser unmittelbare Kontakt. Weitere Stellen im Rückenbereich nehme ich nicht oder kaum wahr. Das Becken wird ein wenig wahrgenommen. Das Gesäß liegt fest auf dem Boden, das rechte Bein ist wärmer als das linke. Die Knie sind durchgedrückt, die Ferse ist an den Boden gepresst, die Füße fühlen sich beide kalt an, die Zehen sind nicht erfühlbar, nur der große Zeh kann wackeln.

Dies könnte zu der Feststellung führen: So bin ich jetzt, jetzt – an diesem Tag, zu dieser Zeit.

Ein ergänzendes Beispiel: Ich liege auf dem Boden und denke: Diese Aufgabe ist noch nicht erledigt, mit den Kindern wollte ich morgen ins Kino. Oder ich nehme Ärger wahr: Der Kollege machte eine blöde Bemerkung, das möchte ich nicht auf sich beruhen lassen ...

Auch diese Aspekte werden wahrgenommen und akzeptiert: So bin ich. Der Mensch erfährt sich persönlich, echt und einzigartig, also auch mit seinen Emotionen. Aber: Die Vergleiche mit anderen Menschen treten in den Hintergrund. Viele Menschen akzeptieren zum ersten Mal in der Eutonie, dass sie so sind, wie sie sind, und dass diese Akzeptanz die Voraussetzung allen persönlichen Wandels ist.

Vielleicht ist diese Grundeinstellung das Schwerste und das Wesentliche der Eutonie: sich wahrnehmen und sich nicht bewerten, sondern im Wahr-Nehmen sich selbst mit allen Unvollkommenheiten annehmen, respektieren und lieben. Ich weise hier gerne noch einmal auf das Wohlwollen hin, das wir uns selbst entgegenbringen können und das die Grundeinstellung des Herzensgebetes ist. Diese Verbindung von Eutonie und Meditation fördert den ganzen geistlichen Prozess.

Die Bewusstheit – der zweite wichtige Begriff – kennzeichnet die geistige Ebene, die mit der Eutonie geübt wird. Eutonie geschieht konzentriert und aufmerksam. Das Bewusstsein ist auf den Körperbereich gerichtet, mit dem geübt wird. Eutonie kennt keine Suggestion (wie zum Beispiel das Autogene Training). Weder werden Nachempfindungen angestrebt (zum Beispiel der Arm wird warm) noch wird ein Bewegungsablauf eingeübt (wie zum Beispiel im Tai-Chi-Chuan). Bewusstseinszustände (zum Beispiel hellwach sein) sind allenfalls Folgen der Eutonie.

Auch die Arbeit mit der Vorstellung, zum Beispiel »Stellen Sie sich vor, dass Sie Ihren Arm heben«, zielt nicht auf Suggestion, sondern dient der Vorbereitung der Bewegung. Darüber hinaus kann eine Übung ganz in der Vorstellung mitgemacht werden, wenn zum Beispiel die reale Bewegung eines Beines nicht möglich ist. Die Übung ist in der Vorstellung mindestens genauso intensiv und wirkungsvoll wie in der aktiven Beteiligung.

Damit die Bewusstheit dem Übungsablauf folgen kann und damit Zeit für alle Empfindungen bleibt, geschehen die Übungen achtsam. Das bedeutet, dass die Abläufe zumeist langsam und behutsam geschehen. Es wird nie gegen den Schmerz gearbeitet. Der Schmerz ist ein Freund, der hinweist, warnt, innehalten lässt und auf Verspannungen und Beschwerden aufmerksam macht.

Zusammengefasst: Ich übe, mich in meinem aktuellen *Sein* anzunehmen, und suche in der Übung meine Gestalt und meine Persönlichkeit. Ich gewinne an Form, Haltung und Format. Einerseits beschönige ich dabei meine Wahrnehmung nicht, andererseits werte ich mich selbst nicht ab.

Die einzelnen Grundprinzipien der Eutonie

Die Grundprinzipien der Eutonie kann ich kurz, einfach und schlicht darstellen. Letztlich liegt in dieser Einfachheit, im Wiederholen und persönlichen Vertiefen, Gestalten und Experimentieren – auch durchaus ein und derselben Ausgangsübung – die tiefe Wirkung. Auch diese Einfachheit verbindet für mich Eutonie intensiv mit dem Herzensgebet; die Intensität und die Komplexität erschließen sich vollständig erst im Üben.

Kontakt und Berührung

Der immer wiederkehrende Ausgangspunkt ist »Kontakt und Berührung«. Ausgehend von der Erfahrung, dass jeder Mensch von klein auf Berührung und Kontakt wie Nahrung zum Leben braucht, wendet sich die Eutonie dieser verstärkten Wahrnehmung zu.

Sobald der Übende sich legt, nimmt er Kontakt und Berührung mit dem Boden auf. Er richtet sein Fühlen auf seine Haut und empfindet die Berührung und die Nichtberührung. Da, wo der Übende z.B. den Boden nicht berührt, stellt er bewusst Kontakt zum Boden her. Der Übende spürt über die Haut zum Boden hin. Wie bei einem kleinen Kind spielt die Haut eine entscheidende Rolle. Die Haut wird sensibel und nimmt neben dem unmittelbaren »Berührungskontakt«, zum Beispiel zur Kleidung, Luft oder Boden, auch Kontakt zu Dingen auf, die nicht berührt werden. Dies ist der Grund, warum Berührung und Kontakt unterschieden werden.

Verlängern

Die Verlängerung ist eine Sonderform der Kontaktübung. Der Übende liegt zum Beispiel in der Rückenlage und verlängert das Bein – ohne bewusst zu dehnen und zu strecken. Nun ist bei vielen Übungen die Durchführung in der Vorstellung als Vorübung sinnvoll, hier geht es um mehr. Diese Verlängerung bedarf einer Grenze. Der Übende verlängert nicht beliebig, sondern bis an die Grenzen des Raumes oder bis zur Decke oder bis zu einem anderen kleineren Maß, das angegeben wird. Bei dieser Verlängerung in der Vorstellung geschieht meist von allein auch eine wirkliche Verlängerung. Der Übende hat nicht nur das Gefühl, dass das Bein länger ist, sondern das Bein *ist* in diesem Augenblick länger. Wer aufsteht und sich stellt, kann dies spüren. Weil dies so ist, werden beide Beine nacheinander geübt. In der Anleitung ist auf den Vergleich zu achten. Nach einer Übung können Gliedmaßen zwar durchaus verschieden sein, aber sie sollten doch stimmig zueinander erlebt werden, anderenfalls wird ein Übungsteil noch einmal wiederholt.

Dehnung / Streckung

Aus dem Kontakt heraus geht der Übende in eine Dehnung oder Streckung. Dabei kann – wie immer – die Vorübung in der Vorstellung hilfreich sein. Dehnung und Streckung geschehen langsam, behutsam und in kleinem Umfang. Weniger ist mehr.

Ein Beispiel: In der Rückenlage werden achtsam ein Arm und die Hand von den Fingerspitzen her in Richtung Fuß gestreckt und die Streckung wird anschließend wieder gelöst. Der Atem wird dabei nie angehalten.

Transport

Mit dem Wort »Transport« beschreibt Gerda Alexander die Kraftübertragung, die durch das Skelett geht. Die Kraftübertragung, die z.B. durch den Druck der Füße auf den Boden geschieht, setzt sich durch den ganzen Körper fort. Sie transportiert sich weiter. Der Transport kann zur Aufrichtung, zur Kraftersparnis und zur Haltungsveränderung genutzt werden. In einigen Übungen habe ich das Wort Transport erwähnt. Dort wird praktisch deutlich, was geschieht und was gemeint ist.

Widerstand / Integration von Gegenständen

Unter Widerstand wird in der Eutonie ein Gegenstand verstanden, der in der Berührung mit dem Übenden an einer bestimmten Körperpartie »Druck« auslöst.

Ein *Beispiel* verdeutlicht dies: In der Rückenlage werden unter das Gesäß zwei Tennisbälle gelegt. Die Bälle liegen jeweils rechts und links unter den Pobacken. Das Gesäß liegt über den Bällen.

Dem Widerstand wird nun nicht neue Spannung entgegengesetzt, sondern der Impuls des Widerstandes wird als Lösungsimpuls aufgenommen. Im Beispiel bedeutet dies, dass die Pobacken als Abwehr gegen die Tennisbälle nicht neu angespannt werden. Vielmehr richtet sich die Bewusstheit besonders auf die angespannten Partien des Körpers und mit der Wahrnehmung der Anspannung kann der Körper aus sich selbst heraus zu einer angemessenen Spannung finden.

Bei Schlaffheit wirkt der Impuls umgekehrt; das Gesäß liegt über den Bällen und der Körper bietet kaum oder keinen Widerstand. Durch den fortwährenden Impuls bzw. durch die Störung baut sich Spannung auf, Widerstand wächst, und über eine längere Zeit baut sich ein guter Spannungsausgleich auf.

Als Widerstand können zum Beispiel Tennis- oder Filzbälle, Bambusstäbe, Taue, Kirschkernsäckchen, Kastanien, Eutoniehölzer, Nickibälle oder Holzkugeln dienen.

Bewegung und Zeichnen

Den eutonischen Erfahrungen im Liegen oder im Sitzen gilt es auch in der Bewegung Raum zu geben, ja, Eutonie sucht ihren Ausdruck in der Bewegung. Der Mensch wird sich durch die Übung immer angemessener bewegen. Übungen im Stehen, Stehen auf einem Widerstand, Gehen und vieles mehr, verhilft zum Bewegen und zu einem Spannungsausgleich. Aber auch ohne sich der Bewegung gezielt zuzuwenden, verändert sich im Laufe der Zeit die Bewegung. Muskeln, Knochen gewinnen auch äußerlich neue Form und gestalten die Bewegung, oft ohne dass dies dem Übenden bewusst wird.

Das Zeichnen beschreibt eine Bewegung, die von einem bestimmten Körperteil geführt bzw. eingeleitet wird. Jedes Körperteil kann zum Ausgangspunkt der Bewegung werden, z.B. das Knie, der Fuß oder die Hand. Wenn der Übende z.B. einen Stock in die Hand nimmt und vom Stock geführt in die Bewegung geht, dann spricht man von Zeichnen mit Verlängerung.

Innenraumarbeit

Nach einer längeren Übungsphase wendet sich die Eutonie dem Innenraum, der inneren Wahrnehmung zu. Dabei geht es nicht vorrangig um die Wahrnehmung der Psyche, sie wird selbstverständlich mit wahrgenommen, sondern die Aufmerksamkeit gilt erst einmal dem so genannten körperlichen Bereich. Muskeln, Atemräumen, Organen, Haut ... wird Aufmerksamkeit geschenkt; sie werden mit Zuwendung beachtet, beobachtet, gefühlt, gespürt. Ich tue mich schwer, diese Wahrnehmung allgemein zu beschreiben, die Wahrnehmung ist von dem persönlichen Zugang abhängig.

Innenraumarbeit gehört in eine fortgeschrittene Phase des Übens; sie bedarf der Erläuterung, des Gesprächs und der kontinuierlichen Anleitung. Sie kommt in diesem Buch nicht vor.

Knochenbewusstsein

Das Knochenbewusstsein ist eine besondere Form der Innenraumarbeit. Sie beginnt einfach, indem ich z.B. bei der aufliegenden Ferse von der Haut her zum Knochen hinspüre. Das Knochenbewusstsein wird im regelmäßigen Üben vertieft. Es stellt einen Reifungsprozess des Übenden dar, der mit langem, kontinuierlichen eutonischem Üben einhergeht.

Innen und Außen

Bei meinem eigenen Üben entdeckte ich ein weiteres Grundprinzip der Eutonie: Was außen gilt, gilt innen.

Ein Beispiel: Ich übe den Kontakt zur Haut in der Berührung zum Boden, zur Luft, zur Kleidung. In einer späteren Phase übe ich den Kontakt zur Haut von innen her.

Ein zweites Beispiel: Am Anfang nähere ich mich dem Widerstand zweier Tennisbälle unter dem Becken von außen her, in einer späteren Phase nehme ich den Innenraum bis zu den Bällen oder bis in die »Sitzhöcker« (einem Knochenfortsatz am unteren Becken) wahr.

Eutonische Übungen

1. Übung: Kontaktübung mit Dehnung und Strecken

ABSICHT: *Ich möchte Sie zu einer Übung einladen, in der Grundkontakt und auch etwas Streckung des ganzen Körpers im Vordergrund stehen.*
HILFSMITTEL: *kleines Kissen und vielleicht zwei Bälle für die Hände*
ZEITDAUER: *20–25 Minuten, anfangs eher kürzer, kann in zwei Teilen geübt werden*

Zur Übung

Die Übung geschieht im Liegen, nehmen Sie, wenn Sie möchten, zwei Bälle oder zwei Holzkugeln in die Hand. Legen Sie ein kleines Kissen neben sich.
    Dies ist die erste längere eutonische Übung. Sie können die Übung auch in zwei Teilen vollziehen. Vergessen Sie aber nicht, vor dem zweiten Teil den ersten Teil kurz zu wiederholen.

- Legen Sie sich in die Rückenlage. Vielleicht brauchen Sie ein Kissen unter dem Kopf, vielleicht möchten Sie Ihre Grundlage noch einmal verändern, vielleicht hilft Ihnen ein Bild: Legen Sie sich auf den Boden, als ob Sie auf warmem Sand liegen. Auch der harte Boden ist nachgiebig. Spüren Sie nun zu den Stellen hin, die ich anspreche.

- Wie liegt Ihr Kopf auf? Was nehmen Sie von Ihrem Kontakt wahr? Vielleicht möchten Sie Ihren Kopf einmal ganz sanft anheben; schon eine kleine Bewegung ist viel. Spüren Sie beim Ablegen Ihre Auflagefläche. Wiederholen Sie die Bewegung ruhig noch einmal: Leicht den Kopf ein paar Millimeter anheben und wieder ablegen. Halten Sie auf keinen Fall die Luft an.
- Wenden Sie sich einem zweiten Raum im Kopfbereich zu: Ihrem Mund- und Rachenraum. Sind die Zähne gelöst, der Mundraum eher offen oder gar geöffnet? Und vielleicht entdecken Sie, dass sich auch im Nackenbereich etwas ändert, wenn Sie den Mund offen haben.
- Spüren Sie zu einer Schulterseite hin. Wie liegt diese Schulterseite auf? Heben Sie diese ein klein wenig an. Die Bewegung geht zum Himmel hin. Oft sind die Anfangsbewegungen viel zu groß; machen Sie kleine Bewegungen und legen Sie wieder ab. Machen Sie es noch einmal, leicht und langsam anheben und ablegen.
- Nehmen Sie den ganzen Arm dazu, leicht und langsam anheben und behutsam ablegen. Und noch einmal. Der Mundraum bleibt geöffnet und gelöst. Wenn Sie diesen Arm nach den wenigen Bewegungen mit dem anderen vergleichen, stellt der nicht geübte Arm sich schon auf die Übung ein.
- Heben Sie nun die andere Schulter und legen Sie diese wieder langsam ab. Die Eutonie ist langsam und lenkt die ganze Aufmerksamkeit auf die Bewegung. Wiederholen Sie ruhig noch einmal und konzentrieren Sie sich auf diese Bewegung, nehmen Sie das Anheben und das Ablegen wahr. Nun folgen diese Hand und der Arm ebenso gemächlich und bewusst. Und auch diese Bewegung noch einmal wiederholen.
- Nach Armen und Händen kehren Sie mit Ihrer Aufmerksamkeit wieder zum Schulterbereich zurück. Spüren Sie Ihren gesamten Rücken bis zum Gesäß und Becken hin. Nehmen Sie den Kontakt zum Boden wahr. Wo liegt Ihr Rücken auf? Wo hat er Abstand, wo ist er leicht wahrzunehmen und zu fühlen, wo ist es schwer möglich oder auch gar nicht? Ärgern Sie sich nicht, wenn Sie Stellen nicht wahrnehmen können. Das Nicht-Wahrnehmen ist auch eine Art Wahrnehmung.
- Wenden Sie sich nun Ihrem Becken zu. Wie liegt es auf? Spüren Sie zur Mitte Ihres Beckens hin. Dort ist Ihr Kreuzbein, ein nachgiebiger Teil der Wirbel-

säule. Vielleicht können Sie Ihr Kreuzbein wahrnehmen. Vom Becken aus nehmen Sie ein Bein und einen Fuß in Ihre Aufmerksamkeit mit hinein. Wo beginnt das Bein im Beckenbereich? Wo können Sie es wahrnehmen, wo weniger? Wie liegt Ihr Oberschenkel? Wie viel spüren Sie von Ihrem Knie? Hat Ihr Knie Bodenkontakt oder etwas Abstand? Ihre Wade liegt auf dem Boden. Wie viel können Sie dort fühlen?

- Und dann gehen Sie zur Fersenwölbung und zum Fuß. Vielleicht spüren Sie einmal zur Fußsohle und nehmen diese Sohle wahr, indem Sie ganz langsam die Zehen nach oben ziehen und wieder lösen. Stellen Sie sich nun vor, Sie heben Ihren Fuß und das Bein von den Zehenspitzen aus an. Versuchen Sie es nun ganz langsam und behutsam. Heben Sie das Bein nicht zu hoch und legen Sie es langsam wieder ab. Wenn Sie diese Bewegung wiederholen, richten Sie Ihre Aufmerksamkeit auf den Beginn der Bewegung und machen Sie diese Bewegung noch kleiner und behutsamer. Halten Sie nicht die Luft an und legen Sie das Bein behutsam ab.
- Wenden Sie sich nun dem anderen Bein zu und vergleichen Sie die beiden Seiten. Wo beginnt dieses Bein in der Hüfte, im Beckenbereich? Wie nehmen Sie diesen Oberschenkel und das Knie wahr? Ist diese Wade ähnlich wie die Wade auf der anderen Seite? Wie ist der Übergang von Wade zu Ferse?
- Spüren Sie auch diese Seite noch einmal im Ganzen und wenden Sie sich dann der Fußsohle zu. Auch auf dieser Seite kann es helfen, wenn Sie die Zehen zur Nase ziehen. Vergessen Sie nicht, die Spannung wieder zu lösen. Halten Sie nicht die Luft an und geben Sie Ihren Mundraum immer wieder frei. Heben Sie nun Ihr Bein an. Machen Sie dies langsam und bewusst und legen Sie wieder ab. Wenn Sie wollen, wiederholen Sie diesen Teil noch einmal: Bein anheben und Bein ablegen.
- Jetzt haben Sie einen ersten Kontakt zu vielen Bereichen Ihres Körpers. Spüren Sie nun nach, wie Sie liegen. Wie bewusst ist Ihnen Ihre Auflagefläche?

Ich möchte eine zweite kleine Übung anschließen:

- Ziehen Sie den Fuß des einen Beines langsam über die Ferse heran. Stellen Sie ihn langsam vor dem Becken auf. Was hat sich im Rücken geändert? Falls Sie nicht darauf geachtet haben oder nicht darauf achten konnten, wiederholen Sie das Anziehen des Beines. Was verändert sich im Rücken? Bevor Sie zum anderen Bein gehen, spüren Sie noch einmal den Kontakt zum Fuß. Der

Fuß steht auf dem Boden. Sie können jetzt die Sohle, die Sie vorhin nicht so einfach fühlen konnten, vielleicht anders und intensiver wahrnehmen.
- Nun folgt das andere Bein: Langsam über die Ferse heranziehen und spüren, was sich im Rücken ändert. Wahrscheinlich haben Sie jetzt mehr Kontakt zum Boden.
- Stellen Sie sich nun vor, dass auf Ihrem Bauch ein Tennisball liegt. Bewegen Sie Ihr Becken mit einer kleinen Bewegung so, dass der Ball Richtung Nase rollt. Das Gesäß bleibt auf dem Boden, das Becken hebt sich kaum, aber der Rücken hat intensiveren Kontakt zum ganzen Boden.
- Der Atem fließt.
- Stellen Sie sich nun vor, dass der Ball durch die Beine rollt. Was ändert sich in der Bewegung? Es entsteht so etwas wie ein Hohlkreuz und das Becken kippt.
- Wiederholen Sie die ganze Bewegung, sanft und behutsam. Der Ball rollt zur Nase, der Rücken hat intensiven Bodenkontakt, der Ball rollt durch die Beine und es entsteht ein Hohlkreuz. Diese kleine fließende Bewegung können Sie nun eine Weile fortsetzen. Üben Sie sanft mit Ihrem Becken und genießen Sie die Bewegung.
- Die Beckenkippe, die Sie jetzt üben, ist eine der wenigen Rückenübungen, die auch bei akuten Schmerzen geübt werden kann. Allerdings sollten Sie bei Schmerzen noch vorsichtiger und behutsamer sein.
- Halten Sie nun inne, spüren Sie den Kontakt des Rückens zum Boden und lassen Sie langsam die Beine ausgleiten. Dies kann nacheinander oder gleichzeitig erfolgen.
- Zum Abschluss nehmen Sie sich in Ihrer ganzen Gestalt wahr: Wie liegen Sie jetzt? Viel Freude beim Nachspüren.

2. Übung: Das Kreuzbein wahrnehmen

ABSICHT: *Ziel ist es, das Kreuzbein als zentralen Teil der Wirbelsäule und des Beckens wahrzunehmen.*

HILFSMITTEL: *Diesmal brauchen Sie einen Tennisball und ein warmes Kirschkernsäckchen (alternativ ein Gästehandtuch, auf ein Achtel gefaltet, oder einen warmen Kastanienschlauch): Einen solchen Kastanienschlauch kann man selbst herstellen. Es wird aus einem Baumwollstoffrest ein ca. sechzig Zentimeter langer Stoffschlauch genäht, der etwas breiter ist als eine dicke Kastanie. Am Ende des Schlauches wird mit einer dicken Nadel ein stabiler Faden zum Zuziehen des Schlauches durchgezogen. Der Schlauch wird einreihig mit Kastanien gefüllt.)*

ZEITDAUER: *30 Minuten und Vorbereitungszeit zum Aufwärmen des Kirschkernsäckchens/desKastanienschlauches/des Handtuchs*

Zur Übung

- Für die Übung wird der Kastanienschlauch fünfzehn Minuten bzw. das Frottee-Gästehandtuch fünf Minuten im Backofen erwärmt. Legen Sie das Kirschkernsäckchen, den Kastanienschlauch, zu einer Spirale gedreht, neben sich oder entsprechend das gefaltete Handtuch. Verdeutlichen Sie sich, wo das Kreuzbein ist.
- Legen Sie sich in Rückenlage auf den Boden und nehmen Sie den Boden wahr. Beginnen Sie, wie in der vorhergehenden Übung beschrieben, mit der Grundkontaktübung. Spüren Sie das Aufliegen des Kopfes, des Nackens, der Schultern und nacheinander das Aufliegen der Arme, der Hände und der Fingerspitzen.
- Gehen Sie die Wirbelsäule abwärts bis zum Becken und halten Sie beim Kreuzbein inne. Nehmen Sie das Kreuzbein gut wahr und legen Sie unter das Kreuzbein den zur Spirale gedrehten Kastanienschlauch, das Kirschkernsäckchen oder das zusammengefaltete Handtuch. Spüren Sie die Wärme, falls es zu heiß ist, nehmen Sie die Unterlage noch einmal heraus und legen

sie später unter. Probieren Sie, bis Sie die richtige Backofentemperatur für sich gefunden haben.
- Wenden Sie sich nun einem Bein zu und gehen Sie die Auflage des Beines auf dem Boden bis zur Ferse entlang.
- Ziehen Sie das Bein über die Ferse heran und stellen Sie es vor dem Becken auf. Spüren Sie den Kontakt des Fußes von der Ferse bis zu den Zehen.
- Nehmen Sie den Tennisball und legen Sie ihn unter den aufgestellten Fuß. Der Fuß erkundet den Ball. Der Ball kommt mit dem ganzen Fuß in Berührung. Wenn es genug ist, nehmen Sie den Fuß von dem Ball. Halten Sie inne und lassen Sie dann den Fuß über die Ferse ausgleiten.
- Die Übung folgt entsprechend für das andere Bein und den Fuß.
- Am Ende liegen beide Beine auf dem Boden. Nehmen Sie die Unterlage unter dem Kreuzbein heraus. Lassen Sie nachklingen. Wie liegen Sie jetzt? Wie empfinden Sie Füße, Beine, Kreuzbein, Wirbelsäule und Kopf?
- Bitte räkeln Sie sich sanft vor dem Aufstehen durch.

3. Übung: Zwei Bälle unter den Schultern

ABSICHT: *Diese Übung wirkt intensiv und ist eine bekannte Eutonieübung. Nutzen Sie die Wirkung im Schulter-Nacken-Kopfbereich und führen Sie sie eine längere Zeit regelmäßig, vielleicht täglich, durch.*

HILFSMITTEL: *Sie brauchen zwei gebrauchte Tennisbälle. Alternative: zwei Filzbälle oder zwei warme Kirschkernsäckchen. Je nach Widerstand verändert sich natürlich die Übung.*

ZEITDAUER: *mindestens 20 Minuten*

Zur Übung

- Legen Sie sich auf den Boden und spüren sich, wie schon gewohnt, ein.
- Machen Sie sich dann alle Körperpartien bewusst, indem Sie die Aufmerksamkeit nacheinander auf alle Teile vom Scheitelpunkt bis zu den Zehen

richten. Wenn Sie abschweifen, beginnen Sie von vorn. So schulen Sie gleichzeitig die Aufmerksamkeit.
- Legen Sie gleich die beiden Tennisbälle oder die Kirschkernsäckchen jeweils unter die Nackenpartie, rechts und links oben neben der Wirbelsäule. Dort sind nur Muskeln. Fahren Sie zuvor mit der Hand die Partie vom Hals zur Schulter entlang und fühlen Sie dort die Kurve. In diese Kurve schieben Sie je einen Ball (mit der Richtung zum Becken) hin. Achten Sie darauf, dass Sie den Ball nicht zur Wirbelsäule hin bewegen. Auf keinen Fall darf der Ball unter der Wirbelsäule liegen.
- Spüren Sie sich ein und legen Sie sich um die Bälle ab.
- Strecken Sie nun leicht und langsam einen Arm mit der Hand und führen Sie ihn – in einem weiten großen Bogen – über den Kopf nach oben und zeichnen (!) Sie, erst langsam, von den Fingerspitzen geführt, in den Raum. Oder anders gesagt: Bewegen Sie den Arm mit all seinen Möglichkeiten, geführt von den Fingerspitzen. Legen Sie nach einer Weile den Arm wieder ab. Sie können diese Bewegung noch einmal wiederholen. Spüren Sie dann nach und vergleichen diesen Arm mit dem anderen.
- Dieser andere Arm und die Hand vollziehen anschließend die Übung genauso nach.
- Spüren Sie nun wie am Anfang noch einmal alle Partien des Körpers in Ihrer Aufmerksamkeit durch.
- Nehmen Sie anschließend die Bälle vorsichtig heraus und bleiben Sie noch eine Weile liegen. Öffnen Sie sich für die Veränderungen, die geschehen sind.

4. Übung: Den Kontakt vertiefen – zwei Tennisbälle im Gesäßbereich einbeziehen

ABSICHT: *am Beckenbereich den Kontakt vertiefen*
HILFSMITTEL: *zwei Tennisbälle oder zwei Kirschkernsäckchen*
ZEITDAUER: *20–30 Minuten*

Zur Übung

- Sie liegen in der Rückenlage. Legen Sie sich dazu auf dem Boden gut ab und spüren Sie den Boden. Nehmen Sie sich wahr; gehen Sie wie in den vorhergehenden Übungen den ganzen Körper entlang. Stellen Sie fest, wo der Kontakt zum Boden gut ist. Ziehen Sie nun die Knie nacheinander heran und stellen Sie die Füße auf. Was verändert sich im Rückenbereich? Wiederholen Sie dies!
- Erhöhen Sie langsam den Druck der Füße zum Boden. Geben Sie im Becken nach. Langsam, mit zunehmendem Druck in den Boden hebt sich Wirbel für Wirbel die Wirbelsäule. Gehen Sie ohne große Anstrengung so weit es möglich ist, eventuell bis zum Schulterbereich, und legen Sie anschließend langsam Wirbel für Wirbel ab. Wiederholen Sie auch dies einige Male. (Bei diesem Übungsteil nutzen Sie die Kraftübertragung des Transports.)
- Legen Sie nun vor die aufgestellten Oberschenkel je einen Tennisball und strecken Sie langsam ein Bein nach dem anderen aus. Sie liegen mit dem Gesäß auf den Bällen; korrigieren Sie gegebenenfalls die Bälle ein wenig nach oben. Bauen Sie keinen Widerstand gegen die Bälle auf, sondern umschließen Sie die Bälle, indem Sie sich ablegen.
- Nun richten Sie Ihre Aufmerksamkeit auf die Füße und dann auf die Zehen. Wählen Sie dazu einen Fuß aus und gehen Sie ihn ganz entlang. Ertasten Sie mit Ihrem Bewusstsein Ihre Ferse, Ihre Sohle, Ihre Spanne und die Zehen. Nehmen Sie jeden einzelnen Zeh wahr und machen Sie sich die Zehen bewusst. Versuchen Sie jeden Zeh einzeln wahrzunehmen und zu bewegen. Kommen Sie wieder zur Ruhe und wiederholen Sie den Vorgang noch einmal. Strecken Sie nun ganz behutsam den Fuß über die Zehen nach vorn.

Dies geschieht langsam, der Atem fließt weiterhin. Lösen Sie ebenso langsam die Streckung wieder auf. Sie können dies ein- bis zweimal wiederholen.
- Wenden Sie sich nun genauso dem anderen Fußbereich zu, bis beide Füße ähnlich geworden sind.
- Anschließend nehmen Sie sich in der Gesamtheit wahr und spüren zu den Bällen hin.
- Die Bälle werden herausgezogen. Wie liegen Sie nun? Lassen Sie sich Zeit und spüren Sie Ihrer Unterseite nach.

5. Übung: Der Käfer

ABSICHT:	*Eine Absicht der Übung ist die Bewusstwerdung und Lockerung der Gelenke; sie geht aber darüber hinaus.*
HILFSMITTEL:	*keine*
ZEITDAUER:	*30 Minuten und mehr, aber in mehrere kurze Übungen teilbar*

Zur Übung

- Sie liegen nun in der Rückenlage und spüren Ihren Kontakt zum Boden selbstständig durch. Legen Sie besonderen Wert auf den Schultergürtelbereich.
- Wenden Sie sich einem Arm zu. Bei diesem Arm stellen Sie nun den Ellbogen auf, die Fingerspitzen zeigen zum Himmel.
- Gehen Sie nun jedes Gelenk der einzelnen Finger durch und bewegen es sanft und aufmerksam. Beginnen Sie mit dem kleinen Finger.
- Es schließt sich das Handgelenk an. Alle Bewegungsmöglichkeiten können Sie achtsam erkunden.
- Der Arm hebt sich gegen die Decke. Nun werden nacheinander das Ellbogengelenk und das Schultergelenk bewegt. Zum Abschluss gehen Sie kurz alle Gelenke noch einmal spielerisch durch.
- Danach legen Sie den Arm ab und vergleichen ihn mit dem anderen Arm. Dieser andere Arm übt nun dieselben Bewegungsabläufe und legt sich auf den Boden.
- Strecken Sie nach einer Ruhephase beide Arme gelockert gegen den Himmel. Anfangs können Sie den Oberarm noch auflegen. Bewegen Sie nun spielerisch aber aufmerksam die Gelenke auf beiden Seiten im Einklang miteinander. Legen Sie schließlich beide Arme ab und lassen Sie die Übung ausklingen.

Hier ist der erste Teil der Übung beendet. Der zweite Teil bietet sich als eigene Übungsfolge an. Sie können ihn aber auch direkt an den ersten Teil anschließen.

- Nehmen Sie sich in der ganzen Gestalt wahr und richten Sie Ihre Aufmerksamkeit dann auf das Becken.
- Ziehen Sie beide Beine heran. Der Rücken bekommt nun mehr Bodenkontakt. Die Übung fällt mit angezogenen Beinen leichter, das übende Bein wird so abgestützt.
- Wählen Sie ein Bein aus und heben Sie es leicht an. Bewegen Sie es so, wie Sie es können, im Oberschenkel, also im Hüftgelenk. Erkunden Sie alle Möglichkeiten.
- Bewegen Sie nun das Kniegelenk, seien Sie behutsam und neugierig. Wenn es hilfreich ist, halten Sie mit einer Hand das Bein unterhalb des Knies; dies können Sie für die ganze folgende Übung beibehalten.
- Es folgen das Sprung- bzw. das Fußgelenk und nacheinander alle Zehen.
- Das Bein stellt sich wieder auf den Boden. Gehen Sie dann noch einmal mit diesem Bein in alle Gelenkbewegungsmöglichkeiten. Probieren Sie Ihre Beweglichkeit.
- Schließen Sie danach ab.
- Halten Sie inne, bevor Sie mit dieser Übung zum anderen Bein wechseln.
- Vergleichen Sie beide Beine nach dieser Übung, Sie können sie dazu ausstrecken.
- Wenn Sie möchten, bewegen Sie nun beide Beine in den Gelenken gleichzeitig.
- Strecken Sie die Beine wieder aus und lassen Sie die Übung ausklingen.

Es kann nun ein dritter Übungsteil folgen; am sinnvollsten erscheint es mir aber, sich Zeit für eine eigene Übungseinheit zu nehmen.

- Nachdem Sie sich des grundlegenden Kontaktes versichert haben, gehen Sie zur Einstimmung alle Gelenke von Armen und Beinen kurz, wie oben beschrieben, durch.
- Bewegen Sie danach beide Arme gleichzeitig, anschließend bewegen Sie beide Beine.
- Anschließend bewegen Sie – wenn Sie dies möchten und können – alle Gliedmaßen zusammen. Halten Sie zwischendurch inne und begrenzen Sie Ihre Übungszeit.
- Die Übung kann sehr intensiv sein. Nehmen Sie sich viel Zeit zum Nachspüren, eventuell zu leichter Musik.

6. Übung: Das Andreaskreuz in der Bauchlage
(eventuell mit weichen Filz-Bällen in der Leiste)

ABSICHT:	*Dehnung und Streckung in der Bauchlage: Ich nehme mir Raum.*
HILFSMITTEL:	*keine; für die Variante zwei Filzbälle oder zwei Kirschkernsäckchen, eventuell ein kleines Kopfkissen*
ZEITDAUER:	*mindestens 25 Minuten*

Zur Übung

Diese Eutonieübung können Sie in zwei Variationen üben; sie kann mit und ohne Bälle geschehen.

- Begeben Sie sich in die Bauchlage. Das Kissen kann unter dem Kopf liegen. Zwischendurch können Sie langsam den Kopf zur anderen Seite drehen. Die Arme liegen neben dem Körper.
- Spüren Sie Ihre gesamte Gestalt im Kontakt zum Boden. Vielleicht hilft Ihnen wieder die Vorstellung, dass Sie in weichem Sand liegen.
- Nehmen Sie bewusst jeden Körperbereich, diesmal von den Füßen nach oben gehend, im Kontakt zum Boden wahr. Lassen Sie sich Zeit. Der Kontakt dieser Körperpartien zum Boden ist Ihnen nicht so vertraut wie in der Rückenlage.
- Wenn Sie diese Kontaktübung abgeschlossen haben, wenden Sie sich einem Arm zu und legen diesen langsam über den Kopf nach oben ab. Der zweite Arm folgt, wenn es Ihnen angenehm ist. Probieren Sie, welche Kopfhaltung Ihnen gemäß ist.
- Legen Sie die Arme etwas auseinander, sodass ein »V« entsteht. Beginnen Sie von den Fingerspitzen einer Hand aus eine diagonale Verbindung über den Leib, zum Bein, über das Bein bis zu den Zehen zu ziehen. Verändern Sie, wenn es sich ergibt, die Bein- und Fußhaltung. Danach erfolgt dasselbe für das andere Bein / den anderen Fuß.

Oftmals reicht diese Übung für den Anfang aus. Dann halten Sie inne und nehmen sich wahr. Schließen Sie ab wie unten beschrieben.

Variante 1: Dehnen Sie nun gleichzeitig und behutsam Arme und Beine. Es geschieht eine sanfte Streckung in alle Richtungen. Dies ist das Andreaskreuz. Lassen Sie den Atem immer fließen und halten Sie die Streckung immer nur eine kurze Zeit an. Beginnen Sie die Streckung in einem Fuß – das Bein folgt, danach folgen die diagonal gegenüberliegende Hand und der Arm. Danach die andere Seite. Auch hier können Sie die Übung ausklingen lassen.

Variante 2: Nach langem Üben und Vertrautsein können Sie nach der Grundkontaktübung zwei weiche Bälle oder (noch besser) Kirschkernsäckchen in die Leiste legen und dann sanft fortfahren, wie oben beschrieben.

Abschluss der Übung: Wie weit auch immer Sie diese Übung vollziehen, beenden Sie die Übung folgendermaßen: Nehmen Sie die Arme langsam neben den Leib, gegebenenfalls nehmen Sie die Bälle weg; drehen Sie sich langsam auf den Rücken und lassen Sie die Übung nachklingen.

7. Übung: Arbeit am »Kreuz« – an der Wirbelsäule

ABSICHT: *Entlastung der Wirbelsäule, die Wirbelsäule ins Spiel bringen und sanft bewegen*

HILFSMITTEL: *zwei daumendicke Bambusstäbe von ca. 75 cm Länge / Rumpflänge*

ZEITDAUER: *mindestens 20 Minuten, kann durch eine Variante verlängert werden*

Hinführung

Diese Übung erhält ihren besonderen Wert, wenn wir davon ausgehen, dass jeder und jede ihr »Kreuz« trägt. Wir tragen es, aber meist nicht außerhalb von uns, sondern haben es inwendig und verinnerlicht. Es gibt viele Kreuzungspunkte in unserem Rückenbereich. Ja, wir besitzen ein Kreuzbein im Beckenbereich, das viele unserer Verhärtungen aufnimmt und festhält. Das Kreuzbein ist nicht nur ein zentraler Ort und eine Verbindung im Skelett, es spiegelt oft auch unseren inneren seelischen Zustand.

Viele Menschen haben keinen Kontakt zu ihrem Kreuz und schützen sich so vor der Wahrnehmung aller Kreuze (und damit Lasten), die sie tragen. Viele Lasten haben wir uns selbst auferlegt, manche kommen auf uns zu. Meist entscheiden wir aber bewusst oder unbewusst selbst, welche Last wir tragen; wir sind selbst verantwortlich.

Es kann deshalb ein großer Schritt für uns sein, Kontakt mit unserem Kreuz zu bekommen und unser »Kreuz« und das, was es aufgenommen hat und trägt, zu spüren.

Zur Übung

- Legen Sie sich auf den Boden und spüren Sie sich ein. Grundübung: Gehen Sie mit Ihrem Bewusstsein kurz von der Scheitelspitze zu den Füßen, inklusive der Fersen und Zehen.

- Ziehen Sie einen Fuß nach dem anderen über den Boden langsam heran und stellen Sie den Fuß vor dem Becken auf dem Boden auf. Spüren Sie in die Auflage des Fußes und geben Sie Druck in diesen Fuß. Langsam hebt sich durch den Druck die Seite – eventuell bis zur Schulter. Wiederholen Sie diese Bewegung mehrmals und spüren Sie in der Pause nach.
- Vollziehen Sie diese Bewegung genauso mit dem anderen Fuß.
- Anschließend geben Sie den Druck zum Boden hin in beide Füße und lassen die Anhebung des Beckens und Rückens zu. Legen Sie beide Bambusstäbe links und rechts neben die Wirbelsäule. Die Stöcke haben etwa sechs bis neun Zentimeter Abstand. Der Rücken liegt nachher auf den Stöcken, ebenso das Becken, die Wirbelsäule ruht dabei zwischen den Stöcken. Die Stöcke haben keinen Kontakt zum Hals, sie enden an den Schultern.
- Senken Sie langsam den Rücken und das Becken auf die Stöcke. Atmen Sie einmal bewusst tief aus, nehmen Sie den Widerstand wahr und lassen Sie sich darauf nieder.
  Wiederholen Sie nun je zwei- bis dreimal mit jedem Fuß die vorherige Übung, anschließend mit beiden Füßen.
  Merke: Die Kraft kommt aus den Füßen, aus dem Druck zum Boden, und geht zum Rücken hin. (Dies ist der Transport!)
- Strecken Sie danach die Füße aus und spüren Sie nach.
- Nehmen Sie vorsichtig die Stäbe weg und bleiben Sie zur Nachruhe liegen.

Variante:

- Breiten Sie nach der Übung die Arme in die Waagrechte aus. Lassen Sie die Knie langsam nach rechts fallen und drehen Sie den Kopf ebenso langsam nach links. Die Schultern haben Bodenkontakt. Wiederholen Sie diese Übung langsam mehrmals und wechseln Sie die Seite (Knie nach links, Kopf nach rechts).
- Strecken Sie danach die Füße aus und spüren Sie nach.
- Nehmen Sie vorsichtig die Stäbe heraus und bleiben Sie zur Nachruhe liegen.

8. Übung: Zwei Bambusstäbe verbinden Kreuzbein und Schulterblatt

ABSICHT: *Die Beziehung des Kreuzbeines zur Schulter wahrnehmen und vertiefen. Die Übung wirkt auf verschiedene Bereiche, auch auf die Muskulatur. Manchmal entsteht (nachher) ein Knochen-Bewusstsein.*

HILFSMITTEL: *zwei rumpflange Bambusstäbe*

ZEITDAUER: *mindestens 20 Minuten*

Zur Übung

Diese Übung wendet sich in einem ersten Schritt der Wirbelsäule zu und verbindet dann das Kreuzbein mit beiden Schulterblättern. Es entsteht ein Dreieck, das Sie gut wahrnehmen können.

- Wiederholen Sie kurz den Grundkontakt zum Boden. Spüren Sie Ihre Auflageflächen; wenden Sie sich dabei dem Kreuzbein, der Wirbelsäule und den Schulterblättern besonders bewusst zu.
- Verbinden Sie in Ihrer Vorstellung Kreuzbein und beide Schulterblätter mit je einer Linie.
- Legen Sie die Stäbe nun links und rechts neben die Wirbelsäule, sodass die Wirbelsäule sich zwischen den Stäben ablegen kann.
- Ziehen Sie ein Bein achtsam heran und intensivieren Sie den Bodenkontakt des Fußes. Anschließend geben Sie Kraft in den Fuß und verlängern diese Kraft in den Boden. Geben Sie im Becken nach und lassen den Kraftimpuls die Seite heben. Lösen Sie dann die Spannung wieder und legen die Seite ab. Wiederholen Sie diesen Ablauf einige Male und lassen Sie den Atem während der ganzen Übung fließen. Strecken Sie dann das Bein aus und legen Sie sich ab.
- Nun folgt die Übung entsprechend mit dem anderen Bein.
- Ziehen Sie nun beide Beine heran. Die Füße haben guten Bodenkontakt. Geben Sie die Kraft in beide Füße, verlängern Sie die Energie in den Boden

und geben Sie im Becken und Rücken, gegebenenfalls bis zum Schulterbereich, nach. (Transport!) – Legen Sie sich langsam wieder ab. – Wiederholen Sie den Ablauf einige Male. Strecken Sie beide Beine wieder aus.
- Verbinden Sie auf der linken Seite Schulterblatt und Kreuzbein mit einer gedachten Linie. Die Linie läuft unter dem Schulterblatt entlang. Verschieben Sie den Bambusstab, bis er ungefähr der Linie entspricht. Verfahren Sie mit der rechten Seite entsprechend. Die Stäbe können nun leicht verändert bzw. verschoben werden, bis Sie akzeptabel auf den Stäben liegen.
- Nun folgen dieselben drei Übungsschritte wie vorher beschrieben. Am Ende sind die Beine wieder ausgestreckt. Nehmen Sie nun die Stäbe weg und lassen Sie die Übung langsam ausklingen. Bitte das sanfte Durchräkeln vor dem Aufstehen nicht vergessen.

9. Übung: Eine wohltuende Rückenübung

ABSICHT: *die Wirbelsäule bewegen und durch eine leichte Dehnung entlasten*
HILFSMITTEL: *keine*
ZEITDAUER: *mindestens 20 Minuten*

Zur Übung

- Ich lade Sie zu einer Rückenübung ein. Legen Sie sich in die Rückenlage. Spüren Sie den Gesamtkontakt Ihres Körpers zum Boden hin. Auch jetzt kann das Bild helfen: Ich liege im warmen Sand. Vielleicht spüren Sie, wo Sie angespannt sind, wo Sie gelöst sind, wo und wie Sie nachgeben können. Aber achten Sie darauf, dass Sie nichts tun. In der Eutonie geht es mehr um das Lassen, um das Zulassen.
- Wie liegt der Kopf auf? Ist es so gut oder möchten Sie etwas ändern? Achten Sie auf Ihren Mundraum.
- Wie liegt Ihr linker Arm und Ihre Hand im Kontakt zum Boden? Wie liegt Ihr rechter Arm und Ihre rechte Hand?
- Vielleicht können Sie in den Schultern noch ein wenig nachgeben.
- Spüren Sie nun zu Ihrer Wirbelsäule hin. Sicherlich haben Sie ein inneres Bild von Ihrer Wirbelsäule. Auf dem Boden können Sie nur die Dornfortsätze spüren. Beginnen Sie im Nackenbereich und steigen Sie diese Dornfortsätze ganz bewusst hinab, bis zum Becken. Manche berühren den Boden, manche nicht. Sollte Ihre Aufmerksamkeit unterwegs verloren gehen, sammeln Sie sich neu und beginnen Sie von vorn.
- Wenn Sie am Kreuzbein sind, nehmen Sie Ihr gesamtes Becken wahr: Wie liegt es jetzt auf?
- Richten Sie nun die Aufmerksamkeit auf ein Bein und ziehen Sie es dann ganz langsam über die Ferse an das Becken heran. Spüren Sie den Fußkontakt zum Boden hin, von der Ferse bis zu den Zehen. Lassen Sie nun das Knie langsam nach außen sinken. Halten Sie bitte nicht die Luft an; auch der Mundraum ist geöffnet. Das Knie sinkt nur so weit, wie es Ihnen gut tut.

Bitte gehen Sie nicht bis an eine Schmerzgrenze. Kehren Sie dann zur Mitte zurück und lassen Sie das Knie zur anderen Seite sinken. Die Bewegung ist so langsam, dass Ihr Bewusstsein ihr folgen kann. Bewegen Sie das Knie noch einmal nach außen, dann wieder nach innen und zurück zur Mitte.

- Das Bein gleitet langsam aus. Nehmen Sie nun wahr, ob und was sich verändert hat. Wie liegt das Bein auf? Was nehmen Sie von Ihrer Leiste wahr? Und vergleichen Sie dieses Bein mit der nicht geübten Seite.
- Die nicht geübte Seite wird nun einbezogen. Sie liegt auf dem Boden, von der Hüfte bis zur Ferse. Wie viel Spannung hat sie, wie viel Kontakt?
- Ziehen Sie dieses Bein langsam heran und stellen Sie es vor dem Becken auf. Spüren Sie Ihre Fußsohle von der Ferse bis zu den Zehen. Langsam sinkt das Knie nach außen; Sie geben nur nach, Sie drücken es nicht nach unten. Langsam richtet es sich über die Mitte wieder auf und senkt sich zur anderen Seite.
Ihre Achtsamkeit folgt der Bewegung. Sie können Ihre Bewegung noch einmal wiederholen.
Sie gehen nach außen, nehmen Ihren Spielraum wahr und kehren über die Mitte zur Innenseite zurück. Der Fuß darf sich dabei bewegen. Schließlich kehren Sie zur Mitte zurück und lassen den Fuß langsam ausgleiten.
- Spüren Sie vom Becken bis zu den Zehenspitzen, wie Sie nun liegen, und stellen Sie sich darauf ein, dass Sie sich nun dem Kopf zuwenden.
- Drehen Sie nun langsam den Kopf zur Seite, sodass die Wange zum Boden zeigt, die Wirbelsäule ist dabei die Achse, um die sich der Kopf dreht. Ganz langsam und behutsam drehen Sie den Kopf, so weit es Ihnen möglich ist; der Mundraum ist dabei geöffnet. Der Atem fließt.
- Kehren Sie zur Mitte zurück und drehen Sie nun den Kopf zur anderen Seite, vielleicht lässt sich diese Seite ebenso oder auch anders bewegen, vielleicht ist es einfacher oder anstrengender.
Gehen Sie immer nur so weit, wie es jetzt möglich ist, und kehren Sie zur Mitte zurück.
Wiederholen Sie den gesamten Bewegungsablauf mit dem Kopf noch einmal. Der Kopf dreht sich zur Seite, so weit es geht und Ihnen gut tut, und kommt zurück zur Mitte. Er dreht sich zur anderen Seite und kommt zurück in die Ausgangslage.
- Nun kommt der letzte Schritt dieser Übung: Ziehen Sie das rechte Bein heran.

Stellen Sie sich darauf ein, dass das Knie langsam nach außen fällt und der Kopf sich zur entgegengesetzten Seite dreht. Das Knie senkt sich nach außen, nach rechts, und der Kopf dreht sich nach links. Der Mundraum ist unbedingt geöffnet. Es entsteht ein klein wenig Spannung in der Wirbelsäule. Kehren Sie nun langsam zur Mitte zurück, langsam und behutsam.

- Senken Sie dann das Knie zur Innenseite, der Kopf dreht sich nach rechts. Sie kommen zurück in die Mittellage, das Bein wandert nach außen, der Kopf zur linken Seite.
Vielleicht entsteht bei der Bewegung immer mehr Spielraum, strengen Sie sich dafür aber nicht an. Lassen Sie Ihre Bewegungsfreiheit zu und kommen Sie wieder zur Mitte zurück. Sie gehen zur Innenseite mit dem Bein und zur rechten Seite beim Kopfbereich und wieder zurück in die Mittellage.
- Langsam rutscht der Fuß auf der Unterlage aus und Sie vergleichen nun die beiden Seiten. Welche Seite ist wärmer, weicher, weiter, größer, kleiner? All diese Eigenschaften werden nicht vorgegeben, es gibt kein »richtig« oder »falsch«, sondern es geht um Ihre Wahrnehmung. Nehmen Sie wahr, wie Sie jetzt sind.
- Ziehen Sie das andere Bein heran und spüren auch dort den Fußkontakt zum Boden. Lassen Sie das Knie langsam nach außen sinken und der Kopf wendet sich der entgegengesetzten, rechten Wange zu. Auch hier lassen Sie nur die Bewegung zu, die möglich ist. Sie kehren wieder zur Mitte zurück. Das Bein sinkt zur Innenseite, der Kopf dreht sich zur entgegengesetzten Seite. Vielleicht ist der Spielraum bei diesem Bein ganz anders. Nehmen Sie wieder die Mittelhaltung ein und wiederholen Sie diese Bewegung noch einmal: Das Bein sinkt nach links, der Kopf dreht sich um die Achse der Wirbelsäule nach rechts; Sie lassen sinken und richten wieder auf. Sie gehen zur Innenseite im Kniebereich und der Kopf dreht sich nach links. Vergessen Sie nicht, dass der Mundraum geöffnet ist.
- Nehmen Sie zum Abschluss wieder die Mittelhaltung ein. Die Nasenspitze zeigt zum Himmel, ebenso das Knie, und der Fuß rutscht langsam über den Boden aus. Wie liegen Sie nun? Was hat sich verändert? Vielleicht haben Sie noch den ersten Eindruck von dieser Übung in Erinnerung?
- Die Übung geht nun im Nachklingen zu Ende. Die Übung braucht diese Zeit des Nachspürens.

10. Übung: In der Seitenlage – Der Arm führt die Bewegung (Zeichnen)

ABSICHT:	*Die Übung geschieht größtenteils in der Seitenlage, öffnet den Brustraum und gibt der Schulter und den Gelenken Spielraum. Sie hat Auswirkungen auf den Leistenbereich und macht ihn bewusster.*
HILFSMITTEL:	*kleines Kopfkissen*
ZEITDAUER:	*anfangs gut 25 Minuten; bei Erfahrung kann die Zeit kürzer oder auch länger werden*

Zur Übung

- Legen Sie sich auf die Seite, die Ihnen angenehm ist. Vielleicht brauchen Sie für Ihren Kopf ein Kissen. In dieser Übung lösen Sie den Schulterbereich und öffnen den Brustraum.
- Achten Sie darauf, dass Ihr unteres Bein gestreckt ist, dass Ihr Knie des oberen Beins auf dem Erdboden liegt und dass beide Arme vor dem Körper sind.
- Zuerst lade ich Sie ein, den Kontakt des Bodens in der Seitenlage wahrzunehmen. In dieser Lage berühren andere Bereiche den Boden, als Sie es bisher aus der Rückenlage gewohnt waren.
Spüren Sie den Kontakt der Kopfseite zum Kissen. Achten Sie wieder auf einen gelösten Mundraum. Der Oberarm und die Seite berühren den Boden, die Hüfte hat ebenso Bodenkontakt. Das gestreckte Bein liegt in der Verlängerung der Wirbelsäule. Wie viel Spannung hat das Bein jetzt? Nehmen Sie Ihr Knie wahr, es hat in dieser Lage direkten Bodenkontakt. Ihr Unterschenkel und die Ferse ergänzen die Wahrnehmung. Spüren Sie nun den Unterschenkel, wie er auf dem Boden liegt. Wie liegt Ihr Fuß auf? Welchen Bodenkontakt haben die Zehen?
- Wenden Sie sich dem anderen Fuß zu und gehen Sie diesen Fuß entlang bis zum Knie. Das Knie verbindet Sie wieder mit dem Becken. Wie viel Spannung ist in der Leiste und bei dem Bein, das Sie über das Knie abstützen?
- Strecken Sie nun den unteren Arm in einem rechten Winkel zur Schulter aus. Der Arm ist gestreckt und die Hand ist geöffnet. Auch der Ellbogen ist

durchgedrückt, ohne dass dort zu viel Spannung entsteht. Legen Sie den zweiten Arm über den unteren Arm, sodass sich die Handflächen berühren.
- Stellen Sie sich nun darauf ein, dass der Arm, der oben ist, sich langsam von den Fingerspitzen geführt zur Decke streckt.
  Die Bewegung beginnt. Ihre Aufmerksamkeit begleitet diese Bewegung. Ihre Fingerspitzen zeigen zur Decke. Nun erkunden Sie Ihren Spielraum. Die Hand führt und der Arm bewegt sich durch den Raum, aber er bleibt leicht gestreckt.
  Nehmen Sie sich Zeit für diese Bewegung, gehen Sie über den Kopf, über das Becken, aber auch über die Schulterbereiche nach hinten, so wie es Ihnen jetzt möglich ist. Haben Sie Freude an dieser Bewegung; aber verfolgen Sie diese Bewegung auch mit Ihrer Achtsamkeit. Das Tempo der Bewegung liegt an Ihnen. Maßstab ist einzig und allein, ob Sie mit Ihrem Bewusstsein dieser Bewegung folgen können.
- Halten Sie einmal inne und spüren Sie nach. Ruhen Sie sich aus und gehen dann wieder in die Bewegung. Achten Sie darauf, dass Ihr Mundraum geöffnet ist.
  Nehmen Sie sich den ganzen Raum, der Ihnen zu Verfügung steht. Die Knie, besonders das abstützende Knie, bleiben am Boden. Wenn Sie tief ausatmen müssen, lassen Sie das zu.
- Halten Sie bei keiner Eutonieübung die Luft an, der Atem geschieht.
- Wie viel Spannung ist in dem Arm, im Schulterbereich, im Schultergürtel, am Schulterblatt? Nehmen Sie noch einmal die Bewegung auf und werden Sie noch langsamer. Allerdings ist nicht die Langsamkeit entscheidend, sondern die Einheit von Bewegung und Aufmerksamkeit, von Sammlung und Lassen. Vielleicht eröffnen sich in der Langsamkeit und der Achtsamkeit neue Wege.
- Legen Sie nun den Arm in die Ausgangslage zurück, stellen Sie sich auf einen weiteren kleinen Übungsschritt ein. Der Arm, der oben ist, wird ausgestreckt und wandert langsam Richtung Decke. Er hat Spannung bis in die Fingerspitzen, aber er ist nicht verspannt. Führen Sie die Bewegung nun noch weiter: Die Fingerspitzen führen zur anderen Seite. Geben Sie im Becken nach. Das Knie folgt der Bewegung und die Schulter geht zum Boden hin. Sie liegen nun ausgestreckt in der Rückenlage. Lassen Sie die Übung nachklingen und vergleichen Sie die geübte und die nicht geübte Seite, die bewegte und die nicht bewegte.

- Drehen Sie sich nun auf die andere Seite und legen Sie das Kissen wieder unter Ihren Kopf. Richten Sie sich gut auf dieser neuen Seite ein, strecken Sie das Bein wieder aus, spüren Sie die Kopfauflage auf dieser Seite, vergewissern Sie sich, wie Schulter, Flanke und Becken aufliegen, spüren Sie von der Hüfte, von dem Hüftknochen zum Fuß hin, bis zu den Zehen reicht Ihre Aufmerksamkeit.
- Sie wenden sich dem zweiten Fuß zu, spüren den Kontakt zum Boden bis zum Knie und spüren, wie das Bein Sie abstützt, Sie nehmen Ihre Leiste wahr und richten nun Ihre Aufmerksamkeit auf den Arm, der jetzt oben liegt.
- Dieser Arm ist leicht gestreckt und wandert langsam, so wie Sie es schon kennen, zur Decke hin. Die Fingerspitzen übernehmen jetzt die Führung. Erkunden Sie den ganzen Raum. Welchen Spielraum haben Sie zur Verfügung, wie unterschiedlich und wie ähnlich sind die Möglichkeiten dieses Armes, dieser Schulter? Vergessen Sie nicht, immer wieder zu Ihrer Aufmerksamkeit zurückzukehren, wenn Sie mit Ihren Gedanken abschweifen.
- Halten Sie nun einen Augenblick inne. Legen Sie dazu jetzt den Arm ab.
- Vielleicht gibt Ihnen das Innehalten einen neuen Impuls zur Bewegung: Machen Sie die neue Bewegung langsamer. Erkunden Sie besonders im Schulterbereich Ihre gesamten Möglichkeiten: Die Bewegung wird weiterhin von den Fingerspitzen geführt. Der Mundraum ist gelöst. Bitte denken Sie daran, dass ein geöffneter Mundraum Ihnen immer mehr Spielraum und Handlungsfreiheit schafft.
- Halten Sie noch einmal inne.
- Wie langsam kann die Bewegung jetzt im dritten Durchgang sein? Entdecken Sie dies und folgen Sie ganz aufmerksam dieser Bewegung. Je langsamer eine Bewegung in der Eutonie ist, desto wirkungsvoller ist sie, wenn ihr die Bewusstheit, die Aufmerksamkeit folgt. In der Langsamkeit erschließen sich neue Möglichkeiten für die Bewegung.
- Kommen Sie nun langsam und behutsam in die Ausgangslage zurück. Vergleichen Sie beide Schultern und stellen Sie sich darauf ein, dass Sie gleich wieder in der Rückenlage liegen.
- Dazu wandert der zuletzt übende Arm auf die andere Seite und Knie, Bein, Fuß folgen. Machen Sie das in Ihrem Tempo, mit Ihren Möglichkeiten.
- Spüren Sie nun zum Schulterbereich und zum Leistenbereich. Achten Sie darauf, dass der Kopf nun gerade liegt, mit der Nasenspitze nach oben, eventuell müssen Sie das Kissen jetzt zur Seite legen. Tun Sie dies jedoch nicht

hastig, sondern aufmerksam und zielstrebig. So liegen Sie nun nach dieser Übung.
- Lassen Sie nachklingen, und nehmen Sie wahr, wie und wo diese Übung gewirkt hat.
Vielleicht haben Sie Freude daran gehabt, so Ihren eigenen Spielraum zu entdecken.

Literaturhinweise

Mariann Kjellrup, Eutonie – Bewusst mit dem Körper leben, Ehrenwirth Verlag, München, 8. Aufl. 2002
Wolfgang Steinmüller, Karin Schäfer u.a.: Gesundheit – Lernen – Kreativität, Huber Verlag, Bern 2001 (Grundinformationen zu Feldenkrais, Eutonie, Alexander-Technik)
Rüdiger Maschwitz, Hellwach und entspannt, Eutoniegeschichten mit Kindern (Buch und CD), Kösel-Verlag, München 2001

Fortbildungen und weitere Informationen

www.eutonie.de (zur Eutonie nach Gerda Alexander)
www.wege-der-stille.de (Homepage von Gerda und Rüdiger Maschwitz)